民盟智库

# 中国铜镜史

管维良 著

History of Chinese
Bronze Mirrors

QUNYAN PRESS
·北京·

## 图书在版编目（CIP）数据

中国铜镜史/管维良著．--北京：群言出版社，2013.10（2020.9 重印）

（民盟智库）

ISBN 978-7-80256-466-4

Ⅰ．①中… Ⅱ．①管… Ⅲ．①古镜－铜器（考古）－中国 Ⅳ．①K875.24

中国版本图书馆 CIP 数据核字（2013）第 171723 号

---

**责任编辑**：朱前前　陈　佳
**封面设计**：群言艺术设计中心·齐立娟

**出版发行**：群言出版社
**地　　址**：北京市东城区东厂胡同北巷 1 号（100006）
**网　　址**：www.qypublish.com（官网书城）
**电子信箱**：qunyancbs@126.com
**联系电话**：010-65267783　65263836
**经　　销**：全国新华书店

**印　　刷**：天津画中画印刷有限公司
**版　　次**：2013 年 12 月第 1 版　2020 年 9 月第 2 次印刷
**开　　本**：880mm×1230mm　1/32
**印　　张**：11.25
**字　　数**：260 千字
**书　　号**：ISBN 978-7-80256-466-4
**定　　价**：49.00 元

【版权所有，侵权必究】

如有印装质量问题，请与本社发行部联系调换，电话：010-65263836

**管维良**
（1941— ）

  重庆师范大学历史学教授，重庆师大博物馆馆长、三峡历史和文博研究所所长。1987年4月入盟，曾任重师大总支支委。

## 出版说明

　　1941年3月,中国正处在一寸山河一寸血的艰难时刻。在这风雨飘摇之中,一批情系民族存亡、心怀救国之志的知识分子与爱国精英,发起成立了以贯彻抗日主张、实践民主精神、尊重思想自由、提倡依法治国为政治纲领的中国民主政团同盟(1944年9月更名为中国民主同盟)。

　　黄炎培、张澜、沈钧儒、杨明轩、闻一多、李公朴、梁漱溟、史良、胡愈之、楚图南、吴晗、费孝通……一代又一代的民盟志士尽心竭力,奔走国是,用自己的赤子之情和卓越智识,追索民族复兴之路。

　　民盟先贤们在追索途中为我们留下了经济、

军事、外交、教育、社会、文化等领域里丰富而珍贵的"思想智库"。整理、出版"民盟智库"系列丛书,旨在传承先人们为国家富强努力之精神,光芒之思想;激励当代知识分子忧国之忧、思国之思、行国之行。

《民盟智库》编委会

# 目 录

## 第一章　绪论

001…… 一　掌握铜镜知识的意义

002…… 二　铜镜的制作和使用

005…… 三　铜镜的定义和各部位的称呼

007…… 四　关于铜镜的著录和著作

## 第二章　中国铜镜的起源和早期阶段

012…… 一　以水为鉴

013…… 二　铜镜的萌芽——齐家文化铜镜

015…… 三　殷商铜镜

017…… 四　西周铜镜

## 第三章 中国铜镜的勃兴阶段
### ——春秋战国时期

020 …… 一 春秋战国铜镜的分期

021 …… 二 春秋战国铜镜的分类

## 第四章 中国铜镜的繁荣阶段——两汉时期

056 …… 一 两汉铜镜的分期

057 …… 二 两汉铜镜的分类

121 …… 三 西汉透光镜

124 …… 四 两汉铜镜铭文举要

## 第五章 中国铜镜的缓进阶段
### ——三国两晋南北朝时期

128 …… 一 三国两晋南北朝铜镜的分期和分区

130 …… 二 三国两晋南北朝铜镜的分类

149 …… 三 汉三国六朝铜镜神兽图像及有关铭文简释

157 …… 四 汉三国六朝铜镜镜面曲率的变化与制镜工艺的发展

159 …… 五 汉三国六朝铜镜的社会学观察

## 第六章 中国铜镜的鼎盛阶段——隋唐时期

169 …… 一 隋唐铜镜的分期和特点

172 …… 二 扬州——隋唐铜镜的铸造中心

176······ 三　隋唐铜镜的类型

233······ 四　隋唐镜铭举例

### 第七章　中国铜镜的缓慢发展阶段
　　　　——宋辽金时期

235······ 一　宋镜的分期和特点

237······ 二　宋代湖州镜以及饶州镜和建康镜

240······ 三　宋代铜镜的分类

284······ 四　辽代铜镜的类型

288······ 五　金代铜镜的特点及类型

### 第八章　中国铜镜的衰落阶段——元明清时期

311······ 一　元朝铜镜的特点及类型

319······ 二　明朝铜镜辨识

321······ 三　明代铜镜的分类

334······ 四　清代铜镜及其分类

339······ 五　仿制镜

347······ **结语　中国铜镜的民族特点**

349······ **参考文献**

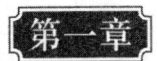

# 绪 论

在灿若群星的战国古代物质文明中,青铜器具在很长时期内都是首屈一指的,其中铜镜更是青铜工艺的一颗明珠。它以自身独具的艺术特色,在琳琅满目的文物之林中占据着重要而显著的位置,它以自己鲜明的时代气息在文物学与考古学中发挥着重要的作用,故它历来为文物考古工作者所重视,为古物鉴赏家所珍藏。

## 一、掌握铜镜知识的意义

铜镜作为人们日常生活中的必需品,与人们有着密切的联系,铜镜的出现、发展和演变是人们社会生活水平日益提高的反映,反过来又从一个方面体现着青铜制造的发展进程。

铜镜的背面饰有各种不同的图案和铭文,这些装饰的内容及其产生和流行,又是与当时政治、经济,尤其是思想文化、社会生活及时代风尚息息相关，可以说，小小镜背是当时社会情况的一个缩影。因此，铜镜为我们研究和认识古代社会提供了一种十分可靠的资料。

铜镜还在田野考古中有着特殊的作用。由于它具有鲜明的时代特征，且又是古代墓葬中常见的随葬品，因此，它为考古工作者判定墓葬的时代提供了一种标准的断代尺度。

因此，作为文物、博物馆及考古工作者，掌握铜镜知识具有十分重要的意义。

## 二、铜镜的制作和使用

铜镜皆用上下合范浇铸而成，下是镜面范，为一块，上为镜背范，一块或两块，多为两块相合，这从镜背留下的合范处痕迹可以证明。范制成后，再从预留的浇铸孔倾入熔化了的铜液即成，技法并不复杂。困难的是制模，需要精雕细刻地做出复杂的装饰图案，阴干后还有一道大难度的翻范工序，翻出范，经修整无误后方能浇铸，铸成后尚需打磨光滑才能使用。

在铜镜制作之初的齐家文化时期，虽是铜锡合金，应视为青铜，但含锡量很低，铜锡比例为1∶0.096，如此低的含锡量，镜面的光洁度必然是很差的。于是人们增加着含锡的比例，到周朝竟加到铜锡各占一半的情况，这就是《考工记》说的"金锡半，谓之鉴燧之齐（剂）"。鉴即铜镜，铜镜中含锡量一增加，光洁度、反光性能都增加了。

汉代铜镜工艺中合金成分的掌握已比周朝进步，根据一部分传世铜镜的金相分析，在战国时代已知加入一定数量的铅来降低溶点，减少气泡，并使镜面光滑。但当时铅与铜锡的比例尚不稳定，不是低到0.45%—1.94%，就是高到10.04%—16.88%，而到西汉前期一般就稳定在铜为56.64%—69.03%，锡为21.64%—25.9%，铅占3.94%—6.82%左右，对铸镜来说，这是比较恰当的合金比例。

到了唐代，含铜量的比例下降，含锡量增加，而且加了一定比例的银，使镜体泛白。宋代又增加了5%的锌，镜色变得发黄了。

然而，无论哪一种铜镜，新铸成时镜面并无光泽，经过涂镜药——反光材料并研磨后方可照人。汉代镜铭上有"和以玄锡清且明"、"焕玄锡之流泽"，《淮南子·修务训》也说到汉代铜镜用的涂料是"玄锡"。经过近人研究，玄锡就是水银，可见用水银作为反光材料在我国已有悠久的历史。

铜镜使用日久，镜面昏暗，需要加以磨光，因此，古时磨镜便成了一种专门的职业。磨镜人走街串巷，出售技艺，有些卖小百货的担担货郎也附带为人磨镜。即使在铜镜已退出历史舞台的晚清近代，街头上仍可见磨镜的匠师。鲁迅在1925年写的《看镜有感》一文中生动地写道："一磨镜老翁，肩了长凳似的东西，上面缚着一块猪肝色石和一块青石，试聆听他的叫喊，依然是'磨镜，磨剪刀！'"（图壹）

为了使镜面不沾灰尘，古人常把铜镜放在奁中，战国时已有制作得很讲究的漆奁盒，专门放置梳妆用品，一般为圆形，有的分上下两层，上层装铜镜，下层放木梳、笄和脂粉等小盒子，有的奁还

图壹　清代磨镜图

分上中下三层。宋代为适应装菱花镜的要求，出现多角形、多弧形的花式漆套奁。

为了保护铜镜，不少在其上面套有镜衣，长沙马王堆一号墓出土的漆奁中，不仅有铜镜，还有镜衣和镜擦，镜衣用绢絮和薄丝绵做成，镜擦作圆锥形，用红绢和锦缝制，内絮丝绵。

宋以前多直接用手拿着系在镜钮上的绦带来照影，或放置在一种很低的镜台上，如为顾恺之画的《女史箴图》中就有手拿铜镜和对着镜台上的铜镜梳妆照影的画面（图贰）。由于这种镜台形体小，所以可用贵重材料制作，三国至南北朝文献中出现的纯银镜台、玳瑁细镂镜台、玉镜台等，都是这种情况的反映。宋以后，座具较前增高，一桌二椅的陈设渐次定型化，从而出现了许多新的家具品种，高镜台即是其一（图叁），高镜台的式样和近代的梳妆台有些

图贰 晋顾恺之《女史箴图》中梳妆图

接近了,镜子固定悬挂在上面。

## 三、铜镜的定义和各部位的称呼

我国古代常把镜与鉴混用,古镜亦鉴也。《说文》:"镜,取景之器。"《玉篇》:"鉴,镜属也。"大率汉魏多称"镜",如"尚方作镜"、"青盖作镜"、"吾作明镜"等,而唐宋间有的称鉴,如"灵鉴"、"宝鉴",或称星云纹镜为"百乳鉴"等。

图叁 明代镜架

一面铜镜,从其整体形状而论,有圆形镜、方形镜、亚方形镜、菱花形镜、葵花形镜、带柄镜等称,这是一个笼统的称呼。每面铜镜还有自己的名称,关于铜镜的命名有的是根据镜背的图案,有的是根据镜背的铭文，而那些既有铭文又有图案的常常出现称呼不一的情况，如汉代有种镜子，称为"博局四神镜"，这是因为它的图案是博局纹和四神纹，有的又叫它"尚方镜"，这是由于上面铭文首句是"尚方作镜真大好"，标明是中央官工尚方所制。也有的按其制作的特种工艺来命名，如"贴金镜"、"金银错镜"、"镶嵌镜"、"透雕镜"等。不过，现在研究铜镜者多以主纹图案命名。

一面铜镜依部位有正面和背面，正面，光亮，用于照脸，是使用部分；背面，除钮可以系缘带便于手拿之外，没有实用价值，然而却是匠师们大显身手的地方，他们在背面这一小块空间上饰以各种装饰或加以铭文，后世对铜镜的研究主要就是着眼于这部分，从而形成了一门专门的学问——镜鉴之学。

根据一般铜镜背面的装饰情况，可由内到外将一面铜镜划分为钮、钮座、内区、中区、外区、圈带、铭带、边缘等部分（图肆），凡镜背有纹饰者，差不多都有一个主题纹饰，一般以饰于内区者为主题纹饰，这是决定一面铜镜的名称和时代的主要依据。下面具体介绍铜镜的各部位：

钮：在镜背的中央，有孔可以系缘带，以便手拿或系于镜台之上。常见的钮有弓形（或谓桥形）、乳状（或谓连峰式）、弦纹、圆形、兽形（通谓伏螭）等形制。

钮座：钮的周围紧连钮的部分，有的圆形素面，有的饰以纹饰，为柿蒂纹、连珠纹、重圈纹、重方纹等。

内区、中区、外区：指镜背配置文饰的几个部分，分别以几条同心圆式的界线隔成，靠近镜钮的通称内区，接近镜缘的则称外

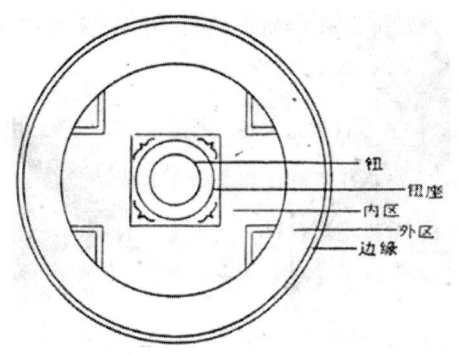

图肆　铜镜各部位名称

区,两区之间的饰纹部分即称中区。有的仅内外两区,有的不分区,仅为一圈纹带,即为圈带。

铭带:在内中外三区之间或外区之外常有铭文组成的圈举一周,有的有两周,这就叫铭带,其他未组成铭带的统称镜铭。

边缘:在外区之外的部分称边缘,边缘部分有一圈到几圈简单的纹饰,如锯齿纹(或叫牙边纹)、双线波纹、流云文、云藻文等;也有不作任何装饰的素缘,战国时期还有种素卷缘,边缘向上卷起;此外,汉晋时期有三角缘,即边缘断面呈三角形,隋和初唐有高竖缘等。

## 四、关于铜镜的著录和著作

鉴于铜镜本身所具有的重要地位,早在八九百年前的北宋时期就引起了金石学家的重视,说明我国关于铜镜的研究具有悠久的历史。在当时的金石学著作中,在北宋王黼的《宣和博古图》就收录了113面各式铜镜，北宋王俅的《啸堂集古录》也收录了汉至唐的铜镜15面。

到了清代，随着金石学的大盛，铜镜及镜铭的著录也多了，计有：

钱坫：《浣花拜石轩镜铭集录》二卷；

梁廷枏：《滕花庭镜谱》一百卷，1845年；

陈介祺：《簠斋藏镜》二卷；

徐元润：《铜仙传》一卷。

在近代，关于铜镜的著录也非常多，有：

罗振玉：《古镜图录》三卷，1916年《古镜铭集》一卷《镜话》一卷，见《辽居杂著》1933年；

徐乃昌：《小檀栾室镜影》六卷，1930年；

梁上椿：《岩窟藏镜》，大业印刷局育华印刷所1935年。

这里还应提出的是，日本考古学者对中国古代铜镜悉心研究，产生了不少著作，有：

桶口隆康：《古镜》，新闻社1980年。

驹井和爱：《中国古镜的研究》，岩波书店1953年。

梅原末治：《汉以前古镜的研究》，对外出版印刷株式会社1935年；《汉三国六朝纪年镜图说》，桑名文星堂印1939年；《在欧美之支那古镜》《支那古镜精华》《绍兴古镜聚英》《唐镜大观》，同棚社1984年。

森丰：《海兽葡萄镜》，中央公论社1973年。

1949年后，随着文物、博物和考古事业的蓬勃发展，关于铜镜的整理研究和出版，成绩斐然，计有：

陕西省文管会：《陕西出土铜镜》，文物出版社1959年；

洛阳市文管会：《洛阳出土古镜》，文物出版社1959年；

四川省博物馆、重庆市博物馆：《四川省出土铜镜》，文物出版社1959年；

湖南省博物馆：《湖南出土铜镜图录》，文物出版社1969年；

王士伦：《浙江出土铜镜选集》，文物出版社1958年；

沈从文：《唐宋铜镜》，中国古典艺术出版社1958年；《铜镜史话》，万卷出版社公司2005年1月；

阿城县文管所：《阿城县出土铜镜》，1974年编印；

孔祥星、刘一曼：《中国古代铜镜》，文物出版社1984年12月；

王仕伦：《浙江出土铜镜》，文物出版社1987年12月；

湖北省博物馆、鄂州市博物馆：《鄂城汉三国六朝铜镜》，文物出版社1986年3月；

周世荣：《铜镜图案——湖南出土历代铜镜》，湖南美术出版社1987年5月；

洛阳博物馆：《洛阳出土铜镜》，文物出版社1988年8月；

陈佩芬：《上海博物馆藏青铜镜》，上海书画出版社1987年；

孔祥星：《中国铜镜图典》，文物出版社1992年1月；

周世荣：《中华历代铜镜鉴定》，紫禁城出版社1993年8月；

孔祥星、刘一曼：《铜镜鉴赏与收藏》，吉林科技出版社1994年1月；

李雪梅、晓冰：《铜镜》，贵州人民出版社1998年10月；

程长新、程瑞秀:《铜镜鉴赏》,燕山出版社1989年;

张英:《吉林出土铜镜》,文物出版社1990年。

关于铜镜的重要文章有:

王士伦:《谈谈我国古代的铜镜》,《考古通讯》1955年6期,56—63页;

王士伦:《绍兴的古代铜镜》,《考古通讯》1956年6期,101—106页;

王士伦:《谈谈中国铜镜纹饰的发展》,《文物参考资料》1957年8期,28—31页;

王士伦:《汉六朝镜铭初探》,《考古通讯》1958年9期,83—89页;

王士伦:《谈谈湖州镜》,《文物参考资料》1958年6期,63页;

沈从文:《古代镜子的艺术特征》,《文物参考资料》1957年8期,24—27页;

张开友:《铜镜》,《文物参考资料》1957年8期,27—28页;

杜迺松:《战国铜镜初探》,《故宫博物院院刊》1984年第1期,第59页;

王仲殊:《论战国及其前后的素镜》,《考古》1963年9期,516—519页;

李正光:《略谈长沙出土的战国时代铜镜》,《考古通讯》1957年1期,96页;

游学华:《中国早期铜镜资料》,《考古与文物》1982年3期;

王永乐等:《宝鸡市郊区和凤翔县发现西周早期铜镜等文物》,《文物》1979年12期;

雷从云:《楚式镜的类型与分期》,《江汉考古》1982年2期;

管维良:《汉魏六朝铜镜中神兽图像及铭文考释》,《江汉考古》1983年第3期85—93页;

孔祥星:《唐代铜镜的类型和分期》,中国考古学会《第一次年会论文集》380—399页;

周欣、周长源:《扬州出土的唐代铜镜》,《文物》1979年第7期,58页;

徐苹芳:《三国两晋南北朝铜镜》,《考古》1984年6期,556—563页;

陈柏泉:《宋代铜镜简论》,《考古与文物》1985年4期,96—103页;

李恒贤:《试谈宋元明铜镜的鉴别》,《江西历史文物》1981年第2期,29—35页;

梁上椿:《古镜研究总论》,《大陆杂志》五卷五期1952年。

日本学者也发表了一些文章:

林巳奈夫:《汉镜图案初探》,《东方学报》京都第44册,1973年;

原田叔人:《关于海兽葡萄镜》,《东亚古文化研究》1940年;

原田叔人:《唐镜纹饰中的西方图案》,《东亚古文化研究》1940年;

滨田耕作:《关于禽兽葡萄纹镜》,《考古学研究》1939年。

## 第二章

# 中国铜镜的起源和早期阶段

## 一、以水为鉴

人类早在一万八千年前的山顶洞人时期便有审美观念出现,那悬于死者胸前的,由成串的兽牙、骨管、海蚶壳、穿孔砾石等组成的项饰即是证明。由此可见,人们对自己面容和外貌的注意已有悠久的历史。在陶器未发明的时代,临静水以观容看来是完全可能的。后来陶器发明了,便用陶容器盛水以照面,青铜器出现以后,用一种大口的器物盛水以观形,由于用水照面是鉴的意思,这种铜器也就获得鉴的名称了。

甲骨文中的"监"字作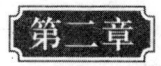,金文作,生动而形象地显现了人鉴于水的情态。《广韵》亦曰:"鉴,照也。"

古人以水为鉴的情况,上古文献也有所记载:

《尚书·酒诰》曰:"人无于水监,当于民监。"

《国语·吴语》曰:"王其盍亦鉴于人,无鉴于水。"

《庄子·德充符》曰:"仲尼曰:'人莫鉴于流水,而鉴于止水。'"

著名的考古学家郭沫若先生科学地推断了我国古代以水为鉴到以铜为鉴的历史过程:

"古人以水为鉴,即以盆盛水而照容,此种水盆即为监,以铜为之则作鉴。监字即像一人立于水盆旁俯视之形。《书经》上说:'人无于水监,当于民监。'普通人用陶器盛水,贵族用铜器盛水,铜器打磨得很洁净,即无水也可以鉴容。故进一步,即由铜盆扁平化而成镜。铜镜背面有花纹,背心有钮乳,既是盛水铜器扁平化的遗痕。盛水铜器的花纹是表面的,扁平化后则变成背面了。钮乳是器足的根蒂。"[1]

近代学者梁上椿也将铜镜的出现和发展简单概括为:

"止水→鉴盆中静水→无水光鉴→光面铜片→铜片背面加钮→素背镜→素地加绘彩→改绘彩加铸图文→加铸字铭。"[2]

但是,这并不意味着铜镜产生后,以水为鉴便立即绝迹了,实际上,到战国末期,铜镜的使用已相当普遍,仍有人以水为鉴。

## 二、铜镜的萌芽——齐家文化铜镜

我国铜镜始于何时呢?古代的人们认为是中华民族的老祖宗黄

---

[1] 郭沫若:《三门峡出土铜器二三事》,《文物》1959年1期。
[2] 梁上椿:《古镜研究总论》,《大陆杂志》五卷五期,1952年。

帝,据《轩辕黄帝传》曰:"……(黄)帝因铸镜以像之,为十五面,神镜宝镜也。"

《述异记》亦曰:

"饶州俗传,轩辕氏铸镜于湖边,今有轩辕磨镜石,石上常洁,不生蔓草。"

关于黄帝的传说非常多,固然不可信,但这也说明我国铸镜、用镜的历史相当久远,可追溯到古史的传说时代。事实果真是这样的吗?是的!这已由考古资料证实了。

1975年在甘肃广河齐家坪墓葬中出了一面素镜,圆形,直径约6厘米,厚约0.3厘米。镜面有光泽,背面无纹饰,中部有一拱形环钮,钮高约0.5厘米。

1976年在青海贵南县尕马台村25号墓中出土一面铜镜,圆形,直径8.9厘米,厚约0.3厘米,重109克。出土时镜面已全部锈蚀,背面有凸弦纹两周,一周近钮,一周近边,在这两周弦纹之间有一个不大规则的七角星图案(故此镜命名为"七角星纹镜"),角与角之间饰以斜线纹。镜钮已残失。镜的边缘有两个梨形小孔,两孔之间有一道浅沟,可能是作为系绳穿挂之用。(图1)

出铜镜的两座墓葬都属齐家文化类型,这种文化乃是原始社会解体时期的一种铜石并用阶段的文化,距今已四千多年了。

另据《铜镜》一书的第五章"铜镜选萃"载,还有一面齐家文化复式多角星纹镜,圆形,直径14.6厘米,重300克。弓形钮,无钮座,镜面微凸,镜背三重弦纹圈将镜背分为内、外两区,内为十三角星芒纹,外为十六角星芒纹,角间有三四条不等的平等斜线

 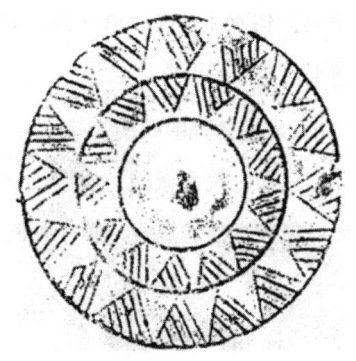

图 1　七角星纹镜　　　　　图 2　重圈多角星纹镜
直径 8.9 厘米　　　　　　　直径 14.6 厘米

纹。此镜传为甘肃出土，现藏中国历史博物馆（图 2）。

## 三、殷商铜镜

关于夏代用镜和制镜情况目前尚不清楚，而商代前期、中期亦未发现有关铜镜方面的资料，但盘庚迁殷以后，考古工作者在当年都城殷墟就发现了五面，其中四面出土于商王武丁之妻妇好墓中，一面出于洹河北岸侯家庄 1005 号墓。这五面铜镜可分三类：

1. 叶脉纹镜

二面。镜面微凸，桥钮，圆座，镜背饰凸弦纹三周，第一周弦纹靠近钮，第三周弦纹在镜边，第二周弦纹靠近第三周弦纹，这两周弦纹之间夹连珠纹一周。第一、二周弦纹之间为主纹区，被一"十"字形空档分隔成四部分，每部分饰并连叶脉文及两组，总共八组，呈放射状。其中一面，直径 12.5 厘米，厚 0.4 厘米，钮长 3

厘米，钮高1厘米；另一面直径11.7厘米，厚0.2厘米，钮高0.7厘米（图3）。

### 2. 重弦辐射纹镜

二面。镜面微凸，桥钮，圆座，镜背就凸弦纹五六周，弦纹间夹以整齐密集的短线，整个画面呈辐射状。其中一面直径11.8厘米，厚0.2厘米，钮高0.8厘米；另一面直径7.1厘米，厚0.2厘米，钮高0.4厘米（图4）。

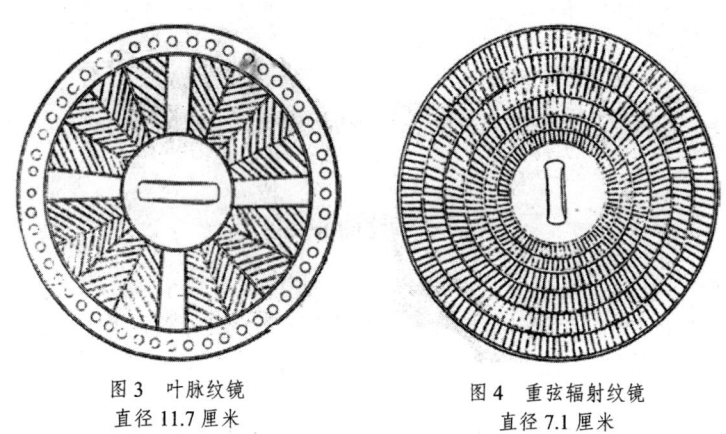

图3 叶脉纹镜
直径11.7厘米

图4 重弦辐射纹镜
直径7.1厘米

### 3. 平行线纹镜

一面。桥钮，无钮座，镜边及里面各饰凸弦纹一周，两周弦纹间填以"ε"形纹图案一周。里圈弦纹内即为等分的四组异向的平行线纹，是为主纹。镜直径6.5厘米，厚0.2—0.3厘米，钮长3厘米，宽0.6厘米，高1厘米。这面铜镜出土于1934年（图5）。

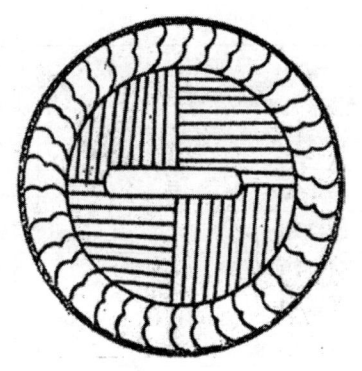

图 5 平行线纹镜
直径 6.5 厘米

## 四、西周铜镜

迄今为止,西周铜镜共发现 16 面,均为圆形,镜面平直或微凸,镜身也较薄,可分三类。

### 1. 素镜

此类镜通常指镜背没有纹饰的镜。共发现 14 面,详细情况见下表:[1]

**西周素镜出土情况表**[1]

| 出土时间、地点 | 钮 | 直径 | 厚度 | 年代 |
| --- | --- | --- | --- | --- |
| 1933 年河南浚县 | 细长鼻钮 | 10 厘米 | | |
| 1975 年陕西凤翔 | 长方形钮 | 7.2 厘米 | | 商代末期至西周早期 |
| 1958 年陕西宝鸡 | 橄榄形长钮 | 6.5 厘米 | 0.22 厘米 | 西周早期 |
| 1979 年陕西凤翔 | | 7 厘米 | | 殷周之际或西周早期 |

---

[1] 游学华:《中国早期铜镜资料》,《考古与文物》1982 年第 3 期。

续表

| 出土时间、地点 | 钮 | 直径 | 厚度 | 年代 |
|---|---|---|---|---|
| 1979年陕西凤翔 | 橄榄形长钮 | 7.2厘米 | | 殷周之际—西周早期 |
| 1979年陕西凤翔 | 无钮 | 7.1厘米 | | 西周早期(有铭文一字) |
| 1980年陕西淳化 | 弓形钮 | | | 西周早期 |
| 1975年北京昌平 | 半环形钮 | 9.9厘米 | | 西周早期 |
| 1975年北京昌平 | 半环形钮 | 9.5厘米 | | 西周早期 |
| 1957年河南三门峡上村岭虢国墓 | 弓形钮 | 5.9厘米 | 0.7厘米 | 西周晚期—春秋早期 |
| 1957年河南三门峡上村岭虢国墓 | 弓形钮 | 6.4厘米 | 0.25厘米 | 西周晚期—春秋早期 |
| 1963年辽宁宁城 | | 6.6厘米 | | 西周晚期—春秋早期 |
| 1963年辽宁宁城 | | 8.4厘米 | | 西周晚期—春秋早期 |
| 1963年辽宁宁城 | | 7.8厘米 | | 西周晚期—春秋早期 |

例1：圆形，背有长方形钮，镜面微凸，直径7.2厘米，钮长0.8厘米，商周之际产。例2：圆形，背面有橄榄形长钮，无纹饰，镜面平光，直径6.5厘米，厚0.22厘米，西周早期（图6）。

2. 重环纹镜

一面，1972年在陕西扶风出土。弓形钮，饰重环纹，直径8厘米，时间为西周中晚期。

3. 鸟兽纹镜

一面，1957年出土于河南三门峡市上村岭虢国墓地1612号墓。镜背有两平行的弓形钮，钮的上方饰鹿纹，下方为一展翅鸟纹，钮的左右两侧各有一对称的虎纹，张口露齿，作欲吞噬状。直径6.7厘米，厚0.35厘米，钮长2.1厘米，高0.25厘米。时属西周晚期(图7)。

图6 素镜　　　　　　　　图7 鸟兽纹镜
直径6.4厘米　　　　　　直径6.7厘米

从上述资料可以看出，西周铜镜不仅出土数量比殷代多，而且分布地点也比殷代广，镜钮的形式多样等，都是制镜业有所发展的表现。

# 中国铜镜的勃兴阶段
## ——春秋战国时期

## 一、春秋战国铜镜的分期

春秋时期是由奴隶制向封建制过渡的时期,战国是封建制全面确立的时期,封建制代替奴隶制的革命,导致了社会生产力的解放和进步,导致了上层建筑领域内的巨大变化,从思想意识到生活习俗都出现了崭新的内容,奴隶制礼制逐渐退出历史舞台,日用青铜工艺得到了迅速的发展,铜镜——这日常生活中的必需品在这个时期以空前的规模和速度勃兴起来了。

春秋战国时期铜镜的制作大致可分为三个阶段。

第一阶段:春秋末年到战国初年。这时铜镜工艺刚刚开始勃兴,在制作技法上常常流露出许多不成熟的地方:形制方面,直径小,镜体薄,镜面平,缘或平或微卷,钮小,多为弓形。在装饰技法上也较简陋,或为素面;或略施简单的单层纹饰,如弦纹、连弧纹；或仅施地纹，如施羽状纹、云雷纹等，最复杂的也只是地纹加弦纹、连弧纹之类的简单双层纹饰，且数量很少。在装饰图案上，或如上述单调的弦纹、连弧纹之类，或承袭上个历史时期遗留下来的饕餮纹之类。

第二阶段：战国中期。这时铜镜工艺获得长足的进步，较初期有了巨大的发展。首先是镜体普遍增大，厚重有所增加，边缘素卷。在装饰技法上日趋复杂，一般都是主纹地纹双层纹饰，同时也更加注重艺术效果，如龙凤图案的使用，甚至日常生活的狩猎活动也搬到铜镜的画面上。在装饰技法上，图案中内容增多，往往几种图案出现在同一面镜子上，如有的"山"字镜，除主纹"山"字纹，还有叶纹、花瓣纹、陶纹、"鲢鱼"纹等，这些都是初期所不见的。

第三阶段：战国晚期。这时铜镜工艺更加成熟，不仅沿袭了中期兴起的各项成果，而且新的技法不断涌现出来。一方面部分铜镜继续扩大了面积，增加了厚重，使铜镜更加实用和耐用。另一方面在装饰技法上出现了地纹、主纹、附纹等多种纹饰和多层纹饰，尤其突出的是把当时整个青铜工艺最尖端的手法使用在制镜上了，像金银错、透雕、镶嵌等特种工艺，从而使铜镜的制作达到了新的高峰。同时在装饰图案的内容上新添了不少题材，使战国铜镜进入一个丰富多彩的时期。

## 二、春秋战国铜镜的分类

关于春秋战国铜镜的分类，日本学者梅原末治、近人梁上椿等作过探索，解放以后，李正光、雷从云、孔祥显、杜迺松等先生也作过这种工作，方法不尽相同，我们参照前人成果作出如下分类。

总的来讲，大致可分为十七类。

1. 素镜

此类铜镜镜背不具任何纹饰，纯系光面，镜体有圆形和方形两种。圆形素镜、钮作弓形、三弦形等，无钮座，镜身较薄，仅0.1—0.2厘米的厚度，制作也较粗糙，形体较小，直径多在7—10厘米（图8）；方形素镜发现数量较少，边长多在7—8厘米，厚0.1—0.2厘米（图9）。

2. 素地镜

此类镜没有地纹，只有一些简单的主纹，可分三型：

（1）弦纹素地镜　镜背饰一到数周（最多五周）细弦纹，钮或作弓形，或作三弦形等，有的有一小圆钮座，有的无钮座。直径10厘米左右，厚0.1—0.2厘米（图10）。

图8　圆形素镜
直径8厘米

图9　方形素镜
边长7厘米

图10 弦纹素地镜
直径13厘米

图11 重轮素地镜
直径18.4厘米

(2) 重轮素地镜　圆形，三弦钮，中弦较高，镜背有两周或三周凸出镜背的宽凹弦纹。此类镜形体较大，直径多在18—22厘米之间，且制作精细（图11）。

(3) 连弧纹素地镜　圆形，主纹为连弧圈，三弦钮，凹面形圆钮座，其连弧纹分单线内向连弧，有8弧、11弧、16弧，弧上再饰一周或两周单线凸弦纹；或宽带八内向连弧两类（图12）。

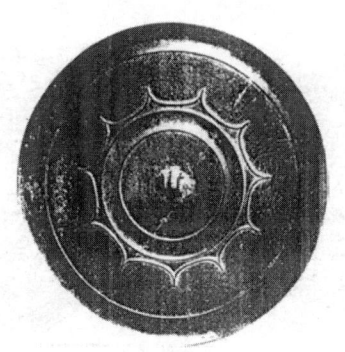

图12 连弧纹素地镜
直径19.4厘米

3. 纯地纹镜

此类镜类的图案不是按一个圆面来设计，而像在一块丝织品上随意剪下一个圆面，故纹饰毫不对称。可分以下三型：

（1）羽状地纹镜　圆形，三弦钮，圆座。整个画面像一个由无数格羽状纹、涡粒状纹组成的图案上剪下一个圆面而成，圆外近缘处为一周宽凹弦纹。直径大约在 10 厘米左右（图 13）。

（2）小蟠螭纹地镜　圆形，半环形钮，方形钮座，镜背不规则

图 13-1　羽状地纹镜

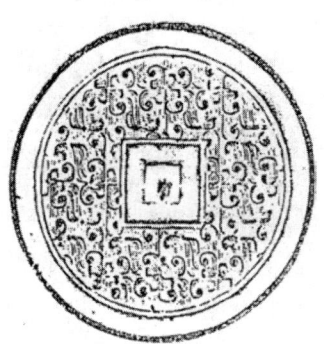

图 13-2　羽状地纹镜

图 13-3　羽状地纹镜
直径 10.8 厘米

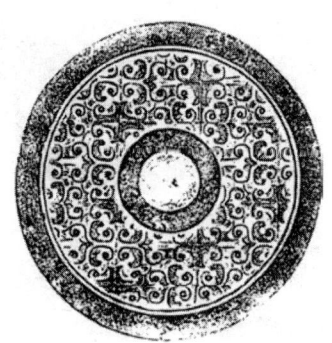

图 13-4　羽状地纹镜
直径 11.1 厘米

图 14　小蟠螭纹地镜
直径 7.3 厘米

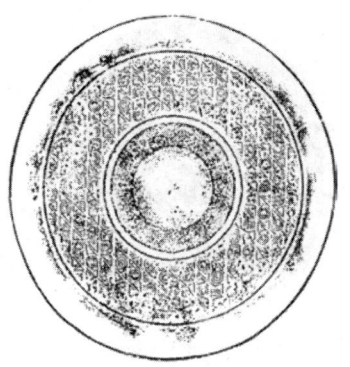
图 15　云雷纹地镜
直径 15.5 厘米

地布满粒状蟠螭纹。此种镜直径约 10 厘米或更小，厚度在 0.15 厘米左右（图 14）。

（3）云雷纹地镜　圆形，三弦钮或单弦钮，圆座，镜背为纵向成条状排列的圆涡纹（即云纹）间回旋状三角纹（即三角雷纹）合称的云雷纹。一般直径在 10 厘米以上（图 15）。

### 4. 花叶纹镜

此种镜类以花或叶，或者有花有叶组成简单的主纹图案，主纹下多饰羽状地纹，也有饰云雷纹的。可分三型：

（1）叶纹镜　以各式叶纹为主纹，计有：

Ⅰ式　三出三叶纹镜　即主纹为三出三桃形叶（图 16）。

Ⅱ式　四出四叶镜　计有：四出四橄榄形叶纹镜（图 17）、四出四心形叶纹镜（图 18）、四出四空心叶纹镜（图 19）、四出四枫叶纹镜（图 20）。

Ⅲ式　四出八叶纹镜　即四出四叶间以缘内伸出四叶共八叶形

图 16　三出三叶纹镜
直径 6.8 厘米

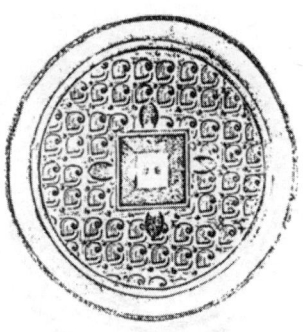

图 17　四出四橄榄形叶纹镜
直径 11 厘米

图 18　四出四心形叶纹镜
直径 11.2 厘米

图 19　四出四空心叶纹镜
直径 12.5 厘米

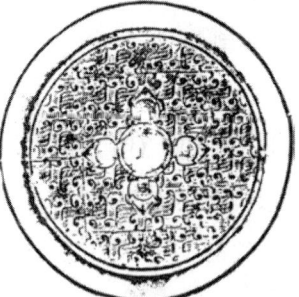

图 20-1　四出四枫叶纹镜
直径 12 厘米

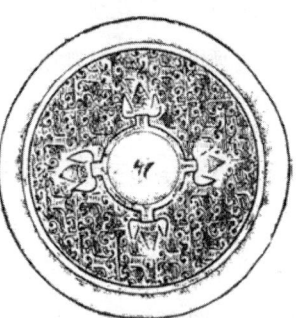

图 20-2　四出四枫叶纹镜
直径 11.6 厘米

成主题图案。此型镜皆圆形，三弦钮，座有方座和圆座（图21）。

（2）花瓣纹镜 此型镜由花瓣构成主纹图案，分四花瓣、八花瓣、十二花瓣三式。

Ⅰ式 四花瓣纹镜 单弦钮，小双重圆钮座，由钮座向外伸出四花瓣，素高卷缘（图22）。

Ⅱ式 八花瓣纹镜 三弦钮，方钮座，云雷纹地，由钮座向外伸出连贯式四组花瓣，每组两瓣，共八瓣。素低卷缘（图23）。

Ⅲ式 十二花瓣纹镜 四弦钮，双重方钮座，云雷纹地，在钮座四角外伸出四组连贯式花瓣，每组两瓣，由镜缘向内又伸出四花瓣，共十二花瓣。素低卷缘（图24）。

（3）花叶纹镜 主纹有花有叶，可分三式：

Ⅰ式 四叶四花纹镜 圆形，三弦钮，重方钮座，细云雷纹地，由钮座四角伸出四叶，叶间有四瓣花各一朵（图25）。

Ⅱ式 八叶四花纹镜 主纹四花略同Ⅰ式，钮座伸出四叶，镜缘相对处也向内伸出一叶，形成八叶四花图案（图26）。

图21 四出八叶纹镜
直径10.5厘米

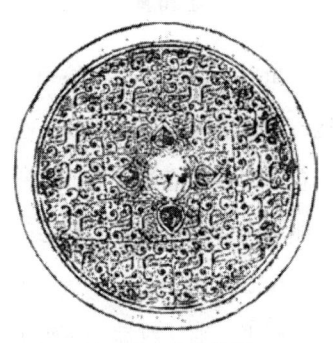

图22 四花瓣纹镜
直径12厘米

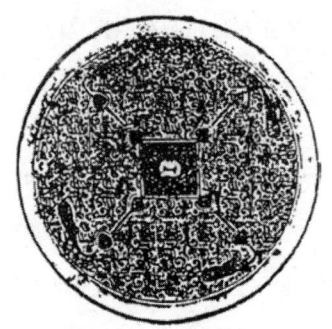

图 23　八花瓣纹镜

图 24　十二花瓣纹镜
直径 9.4 厘米

图 25　四叶四花纹镜
直径 10 厘米

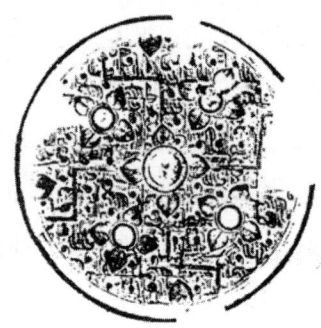

图 26　八叶四花纹镜
直径 12 厘米

Ⅲ式　四叶八花瓣纹镜　圆形，三弦钮，重方钮座。细云雷纹地，由钮座四角伸出四叶，座边中部伸出四花瓣，镜缘向内也伸出四花瓣，素低卷边（图 27-1）。另一件弦钮，重圈座，座边四出叶纹相间四出重瓣花纹，素卷边（图 27-2）。

5. 山字镜

圆形，羽状纹地，主纹为"山"字图案，山字间还配以其他副纹，依山字的数目可分五型：

图 27-1 四叶八瓣纹镜

图 27-2 四叶八瓣纹镜
直径 7.2 厘米

（1）三山镜　四弦钮，双重圆钮座，三山字与三兽相间，素卷边（图 28）。

（2）四山镜　这是山字镜的基本型式，三弦钮，重方钮座，山字有的粗短，有的细长，钮座四角各出一花瓣，并与山字间的长叶花蕊或四瓣花或单花瓣等相对。可分六式：

Ⅰ式　纯地纹四山镜　此式除羽状地纹及主纹四山外别无副纹

图 28 三山镜
直径 20 厘米

（图29）。

Ⅱ式　八花瓣四山镜　此式在方形钮座四角伸出连贯四花瓣，共八花瓣（图30-1）。或镜缘向内伸出四花瓣，座边伸出四花瓣，共八花瓣（图30-2）。

Ⅲ式　十二花瓣四山镜　此式一种是在方形钮座四角伸出四花瓣，主茎上端伸出两支茎并圆折向下交叉，其端各有一花瓣，共十二花瓣（图31-1）；另一种是在座角伸出连贯四花瓣一共八花瓣，

图29-1　纯地纹四山镜
直径9.8厘米

图29-2　纯地纹四山镜
直径10.8厘米

图30-1　八花瓣四山镜
直径9.7厘米

图30-2　八花瓣四山镜

图31-1 十二花瓣四山镜
直径13.5厘米

图31-2 十二花瓣四山镜
直径17.4厘米

每个山字右上一花瓣，共十二花瓣（图31-2）。

Ⅳ式 四叶四山镜 弦钮，重方座，座尖伸出四叶（图32）。

Ⅴ式 四花四山镜 此式在山字间各有一四瓣花组成的四朵花，并在山字和座角上各有一花瓣（图33）。

Ⅵ式 四马四山镜 此式在山字间各有一奔马，马头作回视状（图34）。

图32 四叶四山镜
直径9.2厘米

图33 四花四山镜
直径13.6厘米

图34 四马四山镜  图35 纯地纹五山镜
直径17.3厘米  直径16厘米

(3)五山镜 三弦钮,双重圆钮座,主纹为五个山字,字体瘦削,倾斜,有的无副纹,有的有五出五花瓣或五出十花瓣等副纹夹于山字之间。可分为四式:

Ⅰ式 纯地纹五山镜 此式无副纹,除羽状地纹外,只有主纹五山(图35)。

Ⅱ式 五叶五山镜 此式由圆座伸出五叶纹于五山字下端空处(图36)。

Ⅲ式 间隔式五山镜 此式由圆座五出连贯式五枫叶,将五山字隔开(图37)。

Ⅳ式 五花五山镜 每个山字之间饰一朵四瓣花,圆钮座附五出花瓣,再外为一单线五角星,每角各对一四瓣花(图38)。

(4)六山镜 三弦钮,双重圆钮座,有的无副纹。可分为二式:

Ⅰ式 纯地纹六山镜 此式仅羽状地纹及主纹六山,别无副纹(图39)。

Ⅱ式 十二花瓣六山镜 此式除羽状地纹及主纹六山外,由圆

图36–1　五叶五山镜　　　　　图36–2　五叶五山镜
　　直径19.4厘米　　　　　　　　直径16.7厘米

图37　间隔式五山镜　　　　　图38　五花五山镜
　　直径19厘米

座伸出六花瓣，山字左角上各置一花瓣，共12花瓣（图40）。

（5）瑞兽八山镜　圆形，圆钮，钮外有三周凸弦纹，在第二、三周凸弦纹之间形成宽带形主纹区，四对呈八字形斜向排列的连体山字，山字纹内外各有一组瑞兽，形成有别于其他山字镜风格的一类山字纹镜（图41）。

### 6. 菱纹镜

圆形，羽状地纹，主纹为凹面粗条，常组成各式菱形图案，可

图 39 纯地纹六山镜
直径 14.3 厘米

图 40 十二花瓣六山镜
直径 22.6 厘米

分三型：

(1) 折叠式菱纹镜　圆形，三弦钮，小双重圆钮座。可分为二式：

Ⅰ式　井字形折叠式菱纹镜　主纹由四条折叠式线条组成"井"字形，除钮座四周为一完整折叠式菱纹外，其他八格皆不完整。格内共有四花间四叶（图42）。

Ⅱ式　平行线折叠菱纹镜　此式主纹折叠线平行而不相交，仅

图 41 瑞兽八山镜
直径 19.2 厘米

图 42 井字形折叠式菱纹镜
直径 12 厘米

外边两折线各有一菱格（图43）。

（2）连贯式菱纹镜　主纹为四个相连的折叠式菱形，三弦钮，双重方钮座。可分为四式：

Ⅰ式　连贯式折叠菱纹镜　圆形，重方钮座，只有地纹及主纹四折菱纹（图44）。

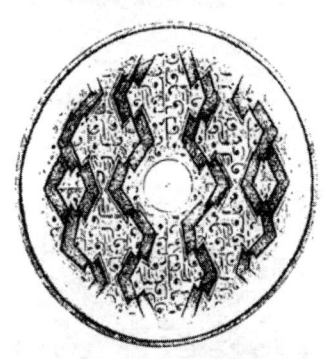

图43　平行线折叠式菱纹镜
　　　直径13厘米

图44　连贯式折叠菱纹镜
　　　直径11.2厘米

Ⅱ式　连贯式八乳折叠菱纹镜　圆形，重方钮座，座角各有一乳钉，四菱格内亦有一乳钉，形成八乳（图45）。

Ⅲ式　连贯式四花折叠菱纹镜　圆形，重方钮座，座角伸出连贯八叶，四菱格内各有一花（图46）。

Ⅳ式　连贯式双折菱纹镜　圆形，重圈柿蒂座，四双折菱格由四个半边双折菱格相连，组成连贯式，菱格内各有一小鸟（图47）。

（3）方格状菱纹镜　方形，主纹由斜条带相交组成方格状菱纹，中间等距离布有乳钉，以乳钉为中心形成四瓣花（图48）。

图45 连贯式八乳折叠菱纹镜
直径14.1厘米

图46 连贯式四花折叠菱纹镜
直径21.1厘米

图47 连贯式双折菱纹镜
直径23厘米

图48 方格状菱纹镜
边长11厘米

### 7. 禽兽纹镜

此类镜以羽状纹或细云雷纹为地纹，主纹为禽（包括凤）和兽（包括龙）的图案。可分六型：

（1）兽纹镜 该型为禽兽纹镜类中最常见的，可分三式：

Ⅰ式 八犀镜 主纹八犀分内外两区排列，外区五只，内区三只（图49）。

Ⅱ式　四蜼镜　主纹四蜼即四只长尾猿，每只皆拉着前一只的长尾，形成连接的图案（图50）。

Ⅲ式　四虎镜　主纹为四只作匍匐状的猛虎，虎纹图案化较强（图51）。

（2）变形鱼纹镜　重圈座，主纹为五鱼形纹（图52-1）或四变异鱼形纹（图52-2）。

图49　八犀镜
直径8.2厘米

图50-1　四蜼镜
直径21厘米

图50-2　四蜼镜
直径16.8厘米

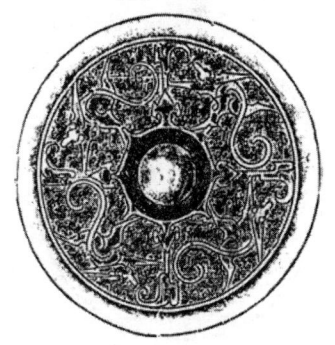

图50-3　四蜼镜
直径23厘米

图 50–4　四蜼镜
直径 20 厘米

图 50–5　四蜼镜
直径 16.3 厘米

图 51　四虎镜
直径 12.2 厘米

图 52–1　变形鱼纹镜
直径 13.6 厘米

图 52–2　变形鱼纹镜

(3) 凤鸟镜 均为圆形,主纹为凤鸟,细云雷纹地。此型可为六式:

Ⅰ式 三凤镜 圆形,三弦钮,重圈座,主纹三凤,图案性较强,作飞翔状(图53)。

Ⅱ式 四凤镜 圆形,柿蒂座或重方座,主纹四展翅凤,有的立于座尖上(图54)。

Ⅲ式 分隔式四凤镜 圆形,弦钮,重圈座,座边伸出四花

图53 三凤镜
直径9厘米

图54-1 四凤镜
直径19.8厘米

图54-2 四凤镜
直径11.6厘米

图54-3 四凤镜
直径9.6厘米

瓣，并由花瓣延生一三叉状饰，从而将主纹四凤分隔，凤鸟作侧飞降落状，较写实（图55）。

Ⅳ式　四鸟四凤镜　主纹四凤，由图案外沿向内伸出四折叠菱纹，折叠菱纹上各立一鸟（图56）。

Ⅴ式　四菱四凤镜　圆形，三弦钮，重方座，座尖立四凤，间以四个菱纹（图57）。

Ⅵ式　四叶四凤鸟镜　圆形，弦钮，重圈座，座边向四方伸出八角星，星芒上生出四叶，无叶星芒处正对镜缘向内的四个半菱格，格尖立一凤鸟（图58）。

（4）龙纹镜　圆形，重圈座主纹为三龙或四龙。

Ⅰ式　三龙镜　圆形，弦钮，凹纹带圈座，主纹为动态三龙（图59-1）。另一件三龙镜较特殊，龙身为变异菱纹，成为菱身三龙镜（图59-2）。

Ⅱ式　内向连弧三龙镜　弦钮，重圈座，主纹三龙图案化较强，边饰内向连弧（图60）。

图55　分隔式四凤镜
直径11.6厘米

图56　四鸟四凤镜
直径11厘米

图 57　四菱四凤镜

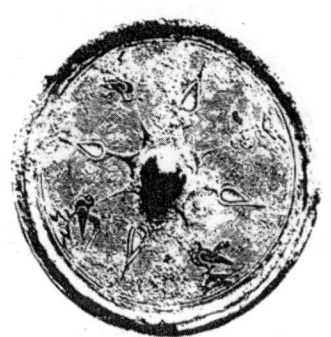
图 58　四叶四凤鸟镜
直径 10 厘米

图 59-1　三龙镜
直径 10 厘米

图 59-2　菱身三龙镜
直径 19.5 厘米

Ⅲ式　四龙镜　圆形，重圈座，座外有的有四柿蒂，四龙作动态，其一为素卷缘（图 61）。

Ⅳ式　内向连弧四龙镜　主纹略同Ⅲ式，但边饰内向连弧一周（图 62）。

（5）龙凤镜　主纹为相间排列的双夔龙双凤，边为一周实心内向连弧。圆钮，重圈座，座四出柿蒂纹（图 63）。

图 60–1　内向连弧三龙镜
直径 11.8 厘米

图 60–2　内向连弧三龙镜
直径 11 厘米

图 60–3　内向连弧三龙镜
直径 10 厘米

图 61–1　四龙镜
直径 14.2 厘米

图 61–2　四龙镜
直径 16.8 厘米

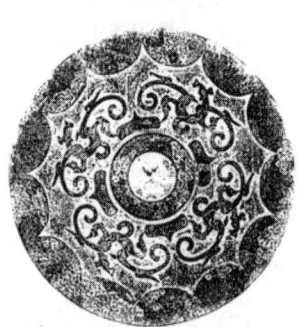

图 62　内向连弧四龙镜
直径 20.8 厘米

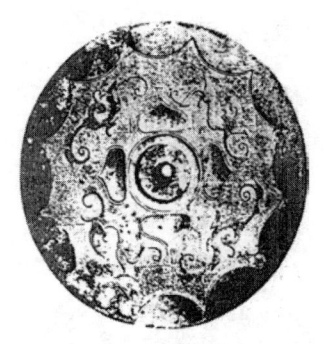 

图 63　龙凤镜　　　　　　　　图 64　禽兽纹镜
直径 18.4 厘米　　　　　　　　直径 19 厘米

（6）禽兽纹镜　圆形，三弦钮或半环钮，双重圈钮座，细云雷纹地。画面为一大空心柿蒂纹将镜背隔为内外二区，内区置四兽，外区为二凤二兽相间（图 64）。

8. 饕餮纹镜

圆形，三弦钮，无钮座，细云雷纹地，画面为线条勾勒的上下对称的两个饕餮面布满，素宽缘（图 65）。

这种饕餮纹常见于商周铜器，它到底表示什么意思呢？《左传·文公十八年》杜注曰："贪财为饕，贪食为餮。"《吕氏春秋·先识》曰："周鼎著饕餮，有首无身，食人未咽，害及其身，以言报更也。"有的则认为是种"吉羊（祥）纹"[1]；有的说它具有双重的职能，"它一方面是恐怖的化身，另一方面又是保护的神祇，它对异氏族、部落是威惧恐吓的符号，对本氏族、部落则是又具有保护的神力[2]。有的

---

[1] 丁山：《中国古代宗教与神话考》，龙门联合书局，1961 年。
[2] 李泽厚：《美的历程》，文物出版社 1981 年。

还说:"兽面的安置,应是象征威猛、勇敢、公正等。"[1]

9. 狩猎纹镜

圆形,三弦钮,重方座,大勾连雷纹地,主纹二执剑盾武士与虎猿相辅(图66)。

图65　饕餮纹镜
直径14厘米

图66　狩猎纹镜
直径10.4厘米

10. 蟠螭纹镜

主纹蟠螭为盘曲流畅的细线图案,有的有首有尾,有腹有足;有的则完全图案化,很难辨其首足腹尾。有的学者认为所谓蟠螭纹是一种变异的龙、蛇图案,其龙者或为夔龙,或为虺龙。可分三型:

(1) 纯蟠螭纹镜　此类镜纯系用蟠螭图案组成,三只蟠螭、或四只蟠螭首尾齐全,占据画面。云雷纹地,三弦钮,圆钮座。可分二式:

Ⅰ式　独体式蟠螭纹镜　此式每个蟠螭都是单独出现,互不相

---

[1] 刘敦厚:《〈吕氏春秋〉"周鼎铸饕餮"说质疑》,《文物与考古》1982年第3期。

交（图67）。

Ⅱ式　缠绕式蟠螭纹镜　此式每个蟠螭之间互相缠绕，不少难以分辨个体（图68）。

（2）菱身蟠螭纹镜　三弦钮，主纹为三只大蟠螭，仅见头尾，其身躯为一折叠菱纹；或尾后连一折叠菱纹（图69）。

（3）四叶蟠螭纹镜　三弦钮，重圈圆钮座，细云雷纹地，座外伸出四枫叶，把画面分为四区，每区置一变异蟠螭纹（图70）。

图 67-1　独体式蟠螭纹镜

图 67-2　独体式蟠螭纹镜
直径 12.8 厘米

图 68-1　缠绕式蟠螭纹镜

图 68-2　缠绕式蟠螭纹镜
直径 11.5 厘米

图 68–3　缠绕式蟠螭纹镜
直径 16.7 厘米

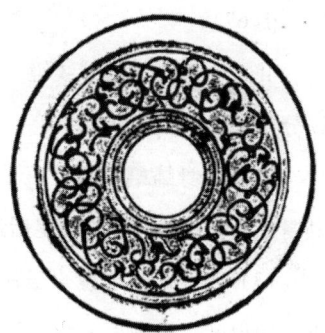

图 68–4　缠绕式蟠螭纹镜
直径 15 厘米

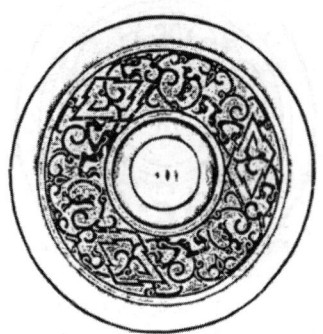

图 69–1　菱身蟠螭纹镜
直径 14.1 厘米

图 69–2　菱身蟠螭纹镜
直径 18.9 厘米

## 11. 涡云纹镜

图案主纹为涡云纹，副纹为三角雷纹、云雷纹。四弦钮，座或为圆钮座，或为带四叶的重方钮座（图71）。

## 12. 连弧纹镜

圆形，以线或宽凹带组成连弧圈作为主纹，弧由六条到十二条不等，但八弧最为常见。可分四型：

图 70–1　四叶蟠螭纹镜
直径 12 厘米

图 70–2　四叶蟠螭纹镜

图 70–3　四叶蟠螭纹镜

图 70–4　四叶蟠螭纹镜

图 71–1　涡云纹镜

图 71–2　涡云纹镜
直径 8.8 厘米

(1) 素地连弧纹镜　三弦钮，凹面圆钮座，无地纹，主纹多为八宽凹带连弧，亦有六弧的。另有一种为 11 单线连弧的亦属此型（图 72）。

(2) 云雷纹地连弧纹镜　三弦钮，凹面圆钮座，云雷纹地，主纹为八宽凹带内向连弧圈（图 73）。

(3) 云雷纹地蟠螭连弧纹镜　此种镜的装饰作三层花纹，首先以云雷纹铺地，再在地纹上饰以蟠螭纹，然后又在蟠螭纹上作宽凹带八内向连弧为主纹，三弦钮（图 74）。另一种为一圈宽带将画面分为内外两区，内区为六凹面内向连弧，外区为缠绕式蟠螭纹。

(4) 涡云纹地蟠螭连弧纹镜　圆形，重圈钮座，此式以涡纹为地纹，其上再施宽带八连弧（图 75）。

### 13. 彩画镜

此类镜系在素镜背上画出各种彩色图案为装饰，出土不多，有以下三型：

图 72　素地连弧纹镜
直径 16.1 厘米

图 73　云雷纹地连弧纹镜
直径 18.7 厘米

图 74　云雷纹地蟠螭连弧纹镜
直径 13.5 厘米

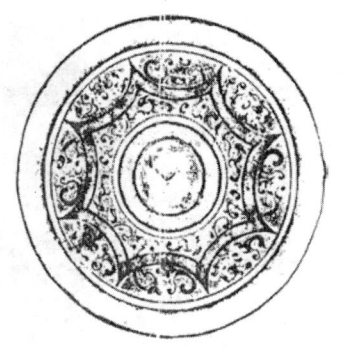
图 75　涡云纹地蟠螭连弧纹镜
直径 14.2 厘米

（1）四分式彩画夔凤纹镜　此型镜在钮外有二周双线弦纹，整个镜背彩绘有四对侧立的夔凤，有写意的手法（图76）。

（2）缠绕式彩画夔凤纹镜　此型镜钮背画有六只夔凤，互相缠绕，无镜缘（图77）。

（3）彩画卷云纹镜　此型镜主纹为四组彩画的卷云纹，并用线条分隔，两组之间的外围空处，亦为一组卷云纹（图78）。

图 76　四分式彩画夔凤纹镜
直径 18.8 厘米

图 77　缠绕式彩画夔凤纹镜
直径 12.4 厘米

图 78　彩画卷云纹镜
直径 16 厘米

## 14. 透雕镜

此镜镜面和镜背各由一块铜板构成，镜面仅为一光面铜片，镜背经透雕（或称镂空）形成各种花纹以作装饰，然后铆合为一个整体。可分四型：

（1）透雕蟠螭纹镜　有方形和圆形两种，小环钮，圆钮座。座外透雕六只（圆形镜）或八只（方形镜）卷曲环绕的蟠螭（图

图 79-1　透雕蟠螭纹镜　　　　图 79-2　透雕蟠螭纹镜
边长 16 厘米　　　　　　　　　直径 16 厘米

79）。

（2）透雕夔龙镜　方形，主纹为两只或四只透雕的夔龙（图80）。

（3）透雕嵌石夔龙镜　主纹为四只透雕的夔龙，夔纹之间填入绿松石，以增加其美感（图81）。

（4）透雕云雷纹镜　方形，由平板形镜面与透雕镜背两层铆合而成。镜背透雕变异云雷纹，素窄缘（图82）。

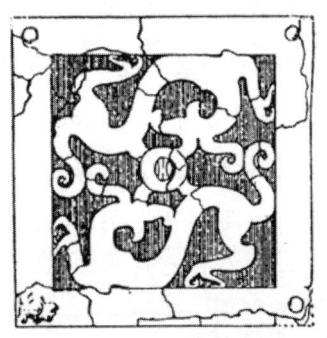

图80　透雕夔龙镜
边长 11.2 厘米

图81　透雕嵌石夔龙镜
直径 12.8 厘米

图82　透雕云雷纹镜
边长 10.2 厘米

### 15. 金银错镜

所谓金银错，是在铜镜背面用利刃刻出细线纹饰，然后用金丝、银丝嵌入，再打磨平整光滑，从而形成金银辉映的华丽装饰，依其图案内容可分二型：

（1）金银错狩猎纹镜　此镜制作奇特，分内外两层，以内层镜背嵌外层镜面而成。圆形，小钮，双重圆钮座。

主纹由三组双龙涡纹——二条左右相对作S形的相互连结的变形龙纹——相间三组图案：一组为一顶盔贯甲手持利剑的骑士与一猛虎相搏；一组为两怪兽相斗；再一组为一展翅欲飞的凤鸟立于叶纹之上。整个画面生动逼真，传此镜为洛阳金村出土（图83）。

（2）金银错虺龙纹镜　圆形，小钮，圆钮座，主纹为六只虺龙，相互环绕，首尾相对，边缘饰交叉云纹带（图84-1）。另一件，方形，四虺龙各据一角，龙头近钮并各顶一花（图84-2）。

### 16. 几何纹镜

圆形，重圈座，宽沿。主纹由不规则的双线折角纹组成，角内

图83　金银错狩猎纹镜
直径17.5厘米

图 84–1　金银错虺龙纹镜
直径 20 厘米

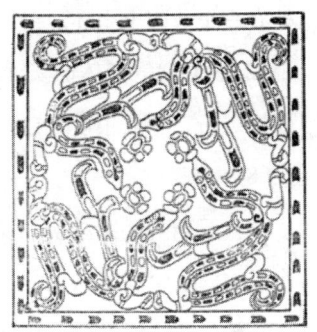

图 84–2　金银错虺龙纹镜

空处填以蒂叶纹、鸟纹、卷云纹（图 85）。

17. 多钮镜

均为圆形，镜背有二至四个钮，纹饰为几何纹，大多较厚重，可分为五型：

（1）雷纹缘镜　镜面微凸，背面稍凹。背面中部无纹饰，边缘处有雷纹两周，内周为回纹，外周为变形回纹加斜线纹组成，近边

图 85　几何纹镜
直径 10.8 厘米

缘处有三个或四个半环形钮，作三角或方形排列（图86）。

（2）云纹镜　通体饰云纹，边亦为云纹一周，云纹上错以金丝，地嵌松绿石，并嵌银质乳钉九枚，上饰三角形排列的三个环钮。直径29.8厘米。

（3）三角勾连雷纹镜　镜面平直，镜体厚重，背面有宽条三角勾连雷纹，雷纹间填以短的平行线。有两个钮或三个钮，均并列于镜之上部。二钮镜素缘，三钮镜边缘有云雷纹窄带（图87）。

图86　雷纹缘镜
直径20.4厘米

图87-1　三角勾连雷纹镜
直径8.8厘米

图87-2　三角勾连雷纹镜
直径12.8厘米

（4）叶脉纹镜　不正圆，中偏上有双半环钮，边缘有突棱，镜面微凹，镜背微鼓，钮周围有椭圆形素面镜座。主纹为叶脉纹（图88）。

（5）蛛网纹镜　圆形，两个半环钮于镜中上部，以双钮为中心向四周散射出蛛网纹（图89）。

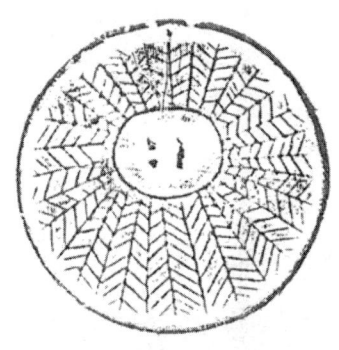
图88　叶脉纹镜
直径12.3厘米

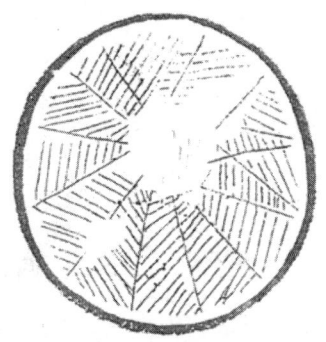
图89　蛛网纹镜
直径13.9厘米

## 第四章

# 中国铜镜的繁荣阶段
## ——两汉时期

### 一、两汉铜镜的分期

两汉大一统的政治局面，不仅带来经济文化的空前繁荣和广泛交流，也是日趋一致的中华文明更加统一，汉文化的形成和推及全国，便是当时物质文化高度发展的标志。在这种政治经济前提下，作为日用青铜器具的铜镜得到空前的发展和进步，进入了它自己历史的繁荣阶段。就整个两汉铜镜来看，可分以下四期。

#### 1. 西汉早期

这时的铜镜在图案上也较多地保留着战国时期的因素，战国时期流行的镜类，到这时有的已逐渐接近尾声，有的尚在继续流行，有的虽为此时新出，但其上仍保留了不少战国铜镜的特点，如地纹的使用，蟠螭纹的使用等。

2. 西汉中、晚期

这段时间以汉武帝前后为标志，一直到西汉晚期。此时铜镜有以下特点：①以四乳钉为基点组织主题纹饰的四分法布局方式，即整个铜镜的主纹分为四区；②地纹逐渐消失，使主纹更加突出；③主题纹饰趋于简化、朴素，如草叶纹，或仅用铭文作装饰；④镜中铭文逐渐成为铜镜纹饰的组成部分；⑤在装饰图案上内向连弧被广泛采用，四叶纹钮座发展成柿蒂座（即四叶蝙蝠形座）。

3. 西汉末到东汉前期

重大变化是在王莽时期。这时期的特点是：①铜镜纹饰题材上以四神为中心，形象各异的禽鸟、瑞兽成为铜镜的主题纹饰，而且这些主题纹饰的类型更加逼真，生动活泼，具有强烈的现实感；②铭文种类繁多，内容丰富，排列灵活；③注重镜缘的装饰，使铜镜更富于艺术性。

4. 东汉中、晚期

这是汉代铜镜又一个发展时期。这时的特点是：①铜镜题材广泛，纹饰结构复杂，以神兽纹为主，并有浓烈故事情节的画像图案；②浮雕式技法的产生和"轴对称"的纹饰布局方式的运用，纪年、纪氏、纪地铭辞及宣传铜镜的铭辞大为盛行。

## 二、两汉铜镜的分类

两汉铜镜的镜类非常丰富，计有以下十七类：

### 1. 蟠螭纹镜类

此类本系战国镜的沿用或继承，故其形制与战国差别不太大，有以下四型：

（1）环绕式蟠螭镜　此型镜主纹仅蟠螭纹，环绕镜钮排列，其地纹或为云雷纹，或为涡纹。可分二式：

Ⅰ式　环绕式蟠螭纹镜　此式主纹环绕或蟠螭上加饰一周凸弦纹（图90）。

Ⅱ式　环绕式菱格蟠螭纹镜　此式主纹三蟠螭上加三菱格纹（图91）。

（2）间隔式蟠螭纹镜　弦钮，主纹蟠螭被不同纹饰分隔成四组或三组，可分三式：

Ⅰ式　间隔式草叶蟠螭纹镜　蟠螭纹钮座，座外一圈铭文，主纹蟠螭由草叶纹分成四区，每区有一组蟠螭纹（图92）。

Ⅱ式　间隔式菱纹蟠螭纹镜　主纹四简易蟠螭纹被四菱纹相间，宽素缘（图93）。

图90–1　环绕式蟠螭纹镜
直径19.3厘米

图90–2　环绕式蟠螭纹镜

图 91–1　环绕式菱格蟠螭纹镜
直径 11.9 厘米

图 91–2　环绕式菱格蟠螭纹镜
直径 18.7 厘米

图 92–1　间隔式草叶蟠螭纹镜

图 92–2　间隔式草叶蟠螭纹镜
直径 18.3 厘米

Ⅲ式　间隔式菩提树蟠螭纹镜　重圈钮座，主纹三蟠螭由三菩提树相间，图案较有特色（图94）。

（3）博局蟠螭纹镜　可分二式：

Ⅰ式　博局蟠螭纹镜　圆形，弦钮，蟠螭纹钮座，镜中博局纹之间杂密集而分散蟠螭纹，素缘（图95）。

Ⅱ式　内向连弧博局蟠螭镜　圆形，方座，主纹基本同Ⅰ式，

图 93　间隔式菱纹蟠螭纹镜
直径 9.4 厘米

图 94　间隔式菩提树蟠螭纹镜
直径 13.5 厘米

图 95-1　博局蟠螭纹镜
直径 18.4 厘米

图 95-2　博局蟠螭纹镜

其边缘部分饰内向连弧纹一周（图 96）。

（4）叠压式蟠螭纹镜　圆形，弦钮。主纹蟠螭被一圈凹弦纹叠压，圈上均匀分布四乳钉（图 97）。

**2. 蟠虺纹镜类**

圆形，三弦钮，方座，主纹为蟠虺纹，所谓蟠虺纹，系指一种与蟠螭相似但首尾胸腹皆更图案化的长体兽纹，故又称其为虺龙

图96 内向连弧博局蟠螭纹镜
直径13.5厘米

图97-1 叠压式蟠螭纹镜
直径11.8厘米

图97-2 叠压式蟠螭纹镜
直径9.4厘米

纹,计有三型:

(1) 四乳四虺纹镜　形弦钮。大方格钮座,涡纹地。主纹为四乳钉相间四蟠虺(图98)。

(2) 方格铭四虺纹镜　圆形,三弦钮座,圆涡纹地,钮座外有一带铭纹的方框,框外上下左右各饰一虺龙,宽素缘(图99)。

(3) 连弧蟠虺纹镜　圆形,三弦钮,重圈纹座,素宽卷边。主

图 98　四乳四虺纹镜

图 99-1　方格铭四虺纹镜
直径 8.8 厘米

图 99-2　方格铭四虺纹镜

纹为四乳间四蟠虺，其外再饰以内向连弧一周为副纹（图 100）。

### 3. 四花镜类

主纹四花，可分三型：

（1）圈带四花镜　此型镜的特点是主纹为圈带连接的四花。可分三式：

Ⅰ式　圈带四花镜　圆形，主纹仅为圈带四花，外饰内向连弧（图 101）。

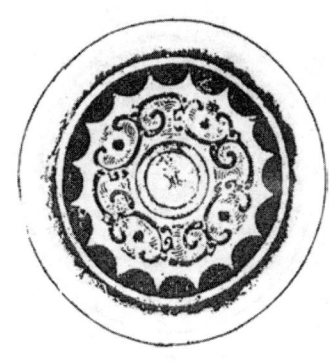

图 100 连弧蟠螭纹镜

图 101 圈带四花镜
直径 16 厘米

Ⅱ式 蟠螭地圈带四花镜 主纹同Ⅰ式，但有蟠螭纹地（图102）。

Ⅲ式 圈带四叶四花镜 圆形，柿蒂钮座，主纹同Ⅰ式，但四叶间各有重叠叶纹（图103）。

(2) 四叶四花镜

Ⅰ式 四叶四花镜 圆形，变形柿蒂座，外饰大方格，方格四角各出一草状叶，四叶间饰一柿状花（图104）。

Ⅱ式 合体四花叶镜 圆形三弦钮，重方座，座尖各有一花，二匹草状叶饰于两边，花叶间各为一花瓣（图105）。

(3) 方格铭草叶四花镜 圆形，圆钮，柿蒂钮座外饰一大方框，框内铭文有"长相思，毋相忘，常贵富，乐未央"12个字，四角各出一草叶纹，草叶间为四花（图106）。

4. 草叶纹镜类

圆形，柿蒂座，钮外或座外为大方格铭文带环绕，方格外即主

图 102-1 蟠螭地圈带四花镜
直径 17 厘米

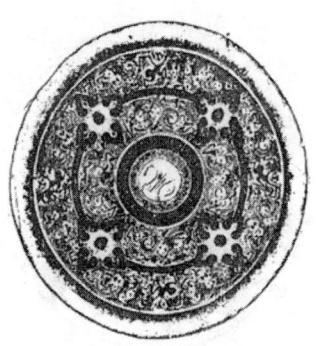
图 102-2 蟠螭地圈带四花镜
直径 25.4 厘米

图 102-3 蟠螭地圈带四花镜

图 103 圈带四叶四花镜
直径 10.5 厘米

图 104 四叶四花镜
直径 13.4 厘米

图 105　合体四花叶镜
直径 18.5 厘米

图 106　方格铭草叶四花镜

纹草叶纹，再其外为内向连弧。可分四型：

（1）草叶纹镜　座外方格的四角各出一三叶纹，将空处分为四区，每区中部有一乳钉，乳钉两侧各有一支草叶纹（图 107）。

（2）四花草叶纹镜　座外方格的四角各出一四叶草叶纹，在方格的上下左右各有一朵由四个心形花瓣围成的花形图案，花心即为一乳钉（图 108）。

（3）博局草叶纹镜　此镜的图案以博局纹为主，草叶纹反而退居次要地位，纹的配置是：方格每边的中点伸出一个 T 形符号，与 T 相对的连弧缘上向内伸出一个 L 形符号，方格四角相对处向内伸出一个 V 形符号，在此博局符号间配以草叶纹（图 109）。

（4）简单草叶纹镜　此型镜中委角方形之四角各出一草叶，叶间夹一简单草纹即构成主纹，比前三型简单（图 110）。

5. 星云纹镜类

关于此类镜《博古图录》称为"百乳鉴"，有的合称星云百乳鉴。

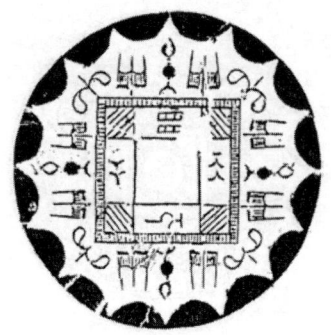

图107–1 草叶纹镜
直径 10.9 厘米

图107–2 草叶纹镜

图107–3 草叶纹镜

图108 四花草叶纹镜

连峰式钮，圆钮座，钮座外为16连弧纹，再其外即为主纹：四乳相间的星云纹。所谓星云纹是指一些小乳钉由细线连接所形成的图案，其形状像天文星象，故名星云纹。主纹外即是内向连弧缘。可分二型：

（1）五星（或六星）式星云纹镜　主纹四乳钉相间五星或六星云图案，画面比较简单（图111）。

（2）多星式星云纹镜　主纹为四蒂或变异柿蒂座的乳钉相间的

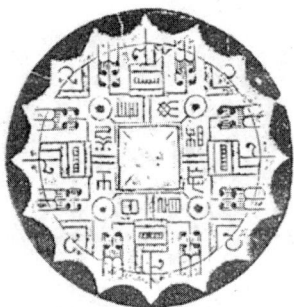

图 109–1 博局草叶纹镜
直径 13 厘米

图 109–2 博局草叶纹镜
直径 13 厘米

图 109–3 博局草叶纹镜
直径 18.1 厘米

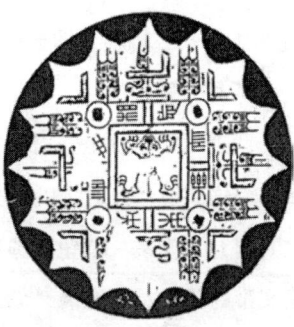

图 109–4 博局草叶纹镜
直径 19.5 厘米

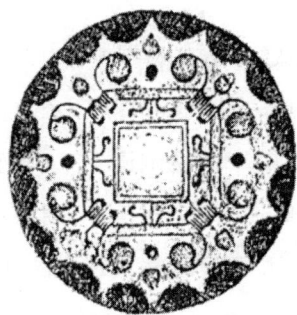

图 110–1 简单草叶纹镜
直径 10 厘米

图 110–2 简单草叶纹镜
直径 10 厘米

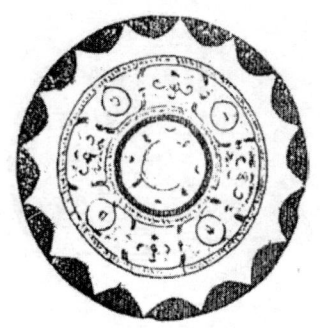
图 111-1 五星式星云纹镜
直径 10 厘米

图 111-2 五星式星云纹镜
直径 11.1 厘米

13 星云图案，因而全图显得繁缛（图 112）。

### 6. 铭文镜类

此类镜的主纹是一周铭文，副纹为钮座外的连弧纹，故又可称连弧纹铭文镜，而通常以铭文本身的内容来给铜镜命名。可分八型：

（1）日光镜　圆钮，圆钮座，座外有内向八连弧纹一周，主纹铭文带的铭文首句皆为"见日之光"，故名"日光镜"，常见的就是"见日之光，天下大明"、"见日之光，长毋相忘"两句。有的日光镜座外没有内向八连弧纹（图 113）。

（2）昭明镜　圆钮，圆钮座或连珠纹钮座，钮座外有内向连弧纹一周。因其铭文曰"内清质以昭明，光辉象夫日月，心忽扬而愿忠，然雍塞而不泄"，取其中"昭明"二字为铜镜之名。此型镜铭内容常因镜体的大小而详略。有的是每字之间有一"而"字（有人释为"天"字），这显然是为了补充字少而铭带长的不足（图114）。

（3）清白镜　圆钮，连珠纹钮座或圆钮座，座外有内向连弧纹

图 112-1 多星式星云纹镜
直径 13.2 厘米

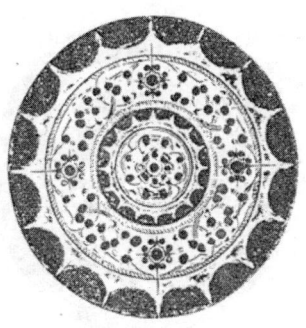

图 112-2 多星式星云纹镜
直径 18 厘米

图 112-3 多星式星云纹镜
直径 11 厘米

图 113-1 日光镜
直径 6.5 厘米

图 113-2 日光镜
直径 7.6 厘米

图 113-3 日光镜
直径 7.6 厘米

图 114-1 昭明镜

图 114-2 昭明镜
直径 12.8 厘米

图 114-3 昭明镜
直径 10.2 厘米

图 114-4 昭明镜

一周,此型镜因铭文首句为"洁清白而事君"而名曰清白镜。铭文全文为:"洁清白而事君,怨阴驩之弇明,焕玄锡之流泽,志疏远而日忘,慎糜美之穷皑,处承驩之可说,慕窈窕于灵泉,愿永思而毋绝。"此型镜之镜铭同昭明镜一样,亦常有省略(图 115)。

(4)铜华镜 形制同上,此型镜镜铭的前三句为"涷治铜华清而明,以之为镜而宜文章,以延年而益寿去不羊(祥)",以后的句

图 115　清白镜
直径 11.5 厘米

图 116–1　宽素缘铜华镜
直径 18.7 厘米

图 116–2　宽素缘铜华镜
直径 16.8 厘米

子各个铜镜差别很大，因其首句有"铜华"二字，故名曰"铜华镜"。

　　Ⅰ式　宽素缘铜华镜　此式圆钮柿蒂座，座外为内向连弧，宽素缘（图 116）。

　　Ⅱ式　水波带铜华镜　此式外区为小锯齿带和宽水波带（图 117）。

　　Ⅲ式　云雷纹带铜华镜　此式异于Ⅰ、Ⅱ式，主内区为铜华铭，外区为云雷纹带，连珠座，素缘（图 118）。

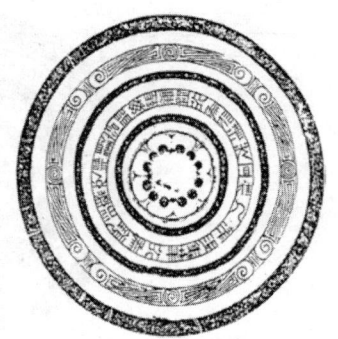

图 117　水波带铜华镜　　　　　图 118　云雷纹带铜华镜

(5) 日有熹镜　形制同上，因铭文首句有"日有熹"，故名"日有熹镜"。其镜铭全文为"日有熹，月有富，乐毋事，常得意，美人会，竽瑟侍，贾市程万物"。

(6) 重圈铭文镜　圆形，连珠座，主纹为不同铭文两圈，根据由外到内铭文不同可分三式：

Ⅰ式　昭明日光镜　此式铭文外圈为昭明镜铭文，内圈为日光镜铭文（图 119）。

Ⅱ式　清白昭明镜　此式外圈铭文为清白镜铭文，内圈昭明镜铭文（图 120）。

Ⅲ式　皎光昭明镜　此式外圈为皎光镜铭文，内圈为昭明镜铭文（图 121）。

(7) 居摄元年铭带镜　圆形，圆钮，柿蒂纹钮座，座外内向八连弧一围，再外即铭文一周："居摄元年（公元 6 年）自有真，家当大富粲常有陈，以之治吏为贵人，夫妻相喜日益亲善"，边饰两周锯齿纹（图 122）。

图 119-1　昭明日光镜
直径 15.5 厘米

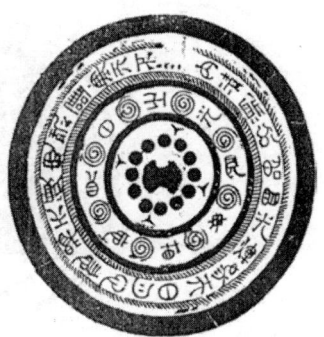

图 119-2　昭明日光镜
直径 13.3 厘米

图 120　清白昭明镜
直径 18 厘米

图 121　皎光昭明镜
直径 19.3 厘米

（8）四乳铭文镜　此型镜形制多样，依图案可分四乳大方格铭文镜和四乳圆座铭文镜，但依铭文则可另分几式，本处讲的是铭文镜类，故依铭文内容可分以下六式：

Ⅰ式　见日之光四乳铭文镜　圆形，圆钮，虽铭文相同，但形制是有差异的。图 123-1 为四圆座乳钉和四小乳钉，相间"见日之光，长毋相忘"八个字。图 123-2 四乳在圆钮方座外的大方格

图 122　居摄元年铭带镜

内,大方格每边外的正中为一字,组成"见日之光"四字,每字上下有四道弧纹。图 123-3 三弦钮外为圆座,再外为四角带四出纹的大方格,每边乳钉上下各一字,组成"见日之光,天下大明"。图 123-4 与以上三件差异较大,圆钮座外有一小圈内向连弧再外为一周弦纹,其外即铭文"见日之光,长毋相忘",每乳之间为两个字,两字之间又有一乳钉相间,再外为填以斜线的双弦纹,边饰内向连弧一周。

Ⅱ式　长毋相忘四乳铭文镜　圆形,圆钮,方座,座外为大方格,方格四角有四出叶纹,四乳上下各有一字,组成"长毋相忘,君来何伤"两句铭文(图 124)。

Ⅲ式　常乐未央四乳铭文镜　圆形,圆钮,重方座,座角与凹弦纹内出的 V 相对,每方乳钮两侧各一字,共八个字"常乐未央,长毋相忘"(图 125)。

Ⅳ式　家常富贵四乳铭文镜　圆形,圆钮,图 126-1 圆座,主纹四乳相间"家常富贵"四个字,每字有括弧( )括着;图 126-2

图 123-1　见日之光四乳铭文镜
　　　　直径 10.6 厘米

图 123-2　见日之光四乳铭文镜

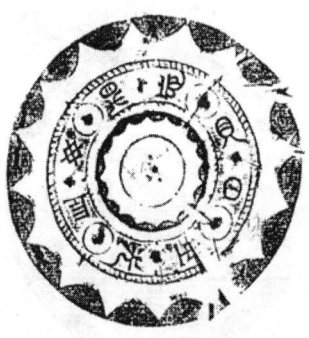

图 123-3　见日之光四乳铭文镜
　　　　直径 7.7 厘米

图 123-4　见日之光四乳铭文镜
　　　　直径 10.6 厘米

图 124　长毋相忘四乳铭文镜
　　　直径 7 厘米

图 125　常乐未央四乳铭文镜
　　　直径 7 厘米

图 126–1　家常富贵四乳铭文镜
直径 9 厘米

图 126–2　家常富贵四乳铭文镜
直径 10 厘米

图 126–3　家常富贵四乳铭文镜
直径 13.2 厘米

图 127　长宜子孙四乳铭文镜
直径 9.4 厘米

圆形圆钮，重圈座，四乳钉间有两只对鸟，两鸟之间夹一字，共"家常富贵"四字，因此也可称家常富贵四乳八鸟镜。图 126–3 圆形，圆钮，连珠座，四乳钉成四花形，两乳钉夹一字形成"家常富贵"四字外为内向连弧缘。

Ⅴ式　长宜子孙四乳铭文镜　圆形，圆钮，方座，四乳上下各一字，共为"长宜子孙，富贵昌兮"八个字（图 127）。

Ⅵ式 与天无极四乳铭文镜 圆钮,重方座,四乳在座角,每边四字:"与天无极,与地相长,驿(怡)乐如言,长毋相忘。"共16个字,此镜边已残(图128)。

图 128 与天无极四乳铭文镜
直径 9.6 厘米

### 7．四乳镜类

此类镜以镜中突出的四乳钉为特点,《博古图录》称之为四乳鉴。根据四乳间所填图案的不同,可分以下六型:

(1)四乳四螭镜 圆钮,圆钮座,主纹系四乳钉相间的极为简化的四螭(有的称为四虺),此型镜中,有的镜在螭背腹的空处还填饰鸟纹图案,素宽平缘(图129)。

(2)四乳禽纹镜 主纹为四乳间饰以四鸟或八鸟,可分二式:

Ⅰ式 四乳四鸟镜 主纹为四乳相间四鸟,有的为四凤,外有锯齿带或射线纹带(图130)。

Ⅱ式 四乳八鸟镜 主纹为四乳相间八鸟,八鸟相对或相背(图131)。

图129-1　四乳四螭镜
直径11.5厘米

图129-2　四乳四螭镜
直径20.6厘米

图130-1　四乳四鸟镜

图130-2　四乳四鸟镜

图130-3　四乳四鸟镜
直径10.6厘米

图130-4　四乳四鸟镜
直径9.6厘米

图 131-1　四乳八鸟镜
直径 10 厘米

图 131-2　四乳八鸟镜
直径 9.7 厘米

(3) 四乳四兽镜　主纹为四乳相间的四龙或同形四兽，素宽缘。可分三式：

Ⅰ式　四乳四兽镜　圆钮，连珠座。主纹为四乳钉相间四瑞兽（图 132）。

Ⅱ式　四乳四龙镜　圆钮，重方座，主纹四虺龙，连弧缘（图 133）。

图 132-1　四乳四兽镜
直径 10.1 厘米

图 132-2　四乳四兽镜
直径 12.8 厘米

图 133　四乳四龙镜
直径 12.2 厘米

图 134　四乳四猴镜
直径 10.2 厘米

Ⅲ式　四乳四猴镜　弦钮，主纹四乳带花瓣，呈四花状，四猴在四花之间，作动态（图 134）。

（4）四乳禽兽镜　主纹为四乳相间二禽二兽，有的为素缘，有的为三角锯齿缘（图 135）。

（5）四乳四神镜　主纹为四乳间分别饰以青龙、白虎、朱雀、玄武四种图案，素缘或三角锯齿缘。可分三式：

Ⅰ式　四乳四神镜　四乳与四神相间，四神图案简洁（图

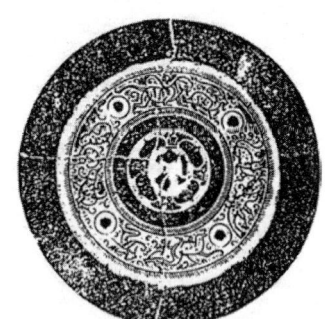

图 135-1　四乳禽兽镜
直径 12.9 厘米

图 135-2　四乳禽兽镜
直径 15.5 厘米

图135-3 四乳禽兽镜
直径12.8厘米

图135-4 四乳禽兽镜
直径13厘米

图136-1 四乳四神镜

图136-2 四乳四神镜
直径10.1厘米

136)。

Ⅱ式 画纹带四乳四神镜 圆钮，大方座，四乳带小连弧座，四神图案生动如画像，外为锯齿带和龙纹带（图137）。

Ⅲ式 四乳羽人四神镜 圆钮，柿蒂座，主纹除四神外还杂以羽人、禽兽图案，显得繁杂。宽素缘（图138）。

(6) 四乳龙虎纹镜 圆形，圆钮，柿蒂座。可分三式：

Ⅰ式 四乳龙虎纹镜 圆钮，柿蒂座，龙虎纹简洁，未杂其他

图 137　画纹带四乳四神镜

图 138　四乳羽人四神镜

图案（图 139）。

Ⅱ式　四乳羽人瑞兽龙虎纹镜　圆钮，柿蒂座，图案龙虎杂以羽人瑞兽（图 140）。

Ⅲ式　四乳麟凤龙虎纹镜　圆形，弦钮，主纹四神之玄武由麟代替，外饰二周锯齿纹带，素缘（图 141）。

## 8. 博局纹镜类

此类镜中最主要的特征是镜背装饰图案中有 T、J、V 三种符

图 139　四乳龙虎纹镜
　　　　直径 13.3 厘米

图 140　四乳羽人瑞兽龙虎纹镜

图 141　四乳麟凤龙虎纹镜
直径 12.7 厘米

号组成的博局纹。博局纹来源于六博棋局图像，早在西汉初期就出现在蟠螭纹镜和草叶纹镜上了，到西汉末年的新莽时期大量流行，根据镜中其他纹饰的内容，又可分为五型：

（1）博局四神镜　圆钮，柿蒂座，有的座外为填有"子丑寅卯辰巳午未申酉戌亥"12 地支的方框铭文带，其外为博局纹，即方框四边各伸出一个"T"，相对的地方各饰一个"J"，方框四角处各对一个"V"，博局的空白处等距离的每方各饰四神图案青龙、白虎、朱雀、玄武（即龟蛇）之一，其他空白处还杂以鸟、兽、羽人之类的图案，再外即为多层简单纹饰，有锯齿纹（有的称牙边纹）、双线水波纹、流云纹等组成的纹带。可分七式：

Ⅰ式　博局四神镜　圆钮，柿蒂方格座，主纹博局与四神图案（图 142）。

Ⅱ式　四神纹带博局四神镜　圆形，主纹同Ⅰ式，外有辐射线与锯齿纹各一周，边饰有四神与云纹组成的纹带（图 143）。

Ⅲ式　画纹带博局四神镜　圆钮，柿蒂方格座，主纹同Ⅰ式，

图 142–1　博局四神镜
直径 15.6 厘米

图 142–2　博局四神镜
直径 11.9 厘米

图 142–3　博局四神镜
直径 16 厘米

图 142–4　博局四神镜

图 142–5　博局四神镜

图 143　四神纹带博局四神镜
直径 11.6 厘米

仅外有一周画纹带（图144）。

Ⅳ式　方格铭带博局四神镜　形制同Ⅰ式，仅柿蒂方格座的方格内有一圈铭文："湅冶铜华清而名，以之为（镜）而宜文章，（左龙）右虎而除不羊（祥）"，宽素缘（图145）。

Ⅴ式　铭文带博局四神镜　主纹图案同Ⅱ式，其特点是主纹图案之外有一用铭文带，边缘图案多为锯齿纹、流云纹（图146）。

Ⅵ式　分离式博局四神镜　主纹博局图案由一圈铭文分为内外

图144-1　画纹带博局四神镜
直径18厘米

图144-2　画纹带博局四神镜
直径18.6厘米

图144-3　西王母画纹带博局四神镜

图 145–1　方格铭带博局四神镜
　　　　　直径 19 厘米

图 145–2　方格铭带博局四神镜

图 146–1　王氏铭带博局四神镜

图 146–2　王氏铭带博局四神镜

图 146–3　尚方铭带博局四神镜
　　　　　直径 23.2 厘米

图 146–4　尚方铭带博局四神镜

图 146–5　尚方铭带博局四神镜
直径 20 厘米

图 146–6　始建国天凤二年铭带博局四神镜
直径 16.6 厘米

图 146–7　福熹铭带博局四神镜
直径 10.7 厘米

图 147　分离式博局四神镜

两部分，内区为四"T"，外区为四"J"、四"V"，分别相间四神等图案（图147）。

Ⅶ式　简化博局四神镜　此式纹中博局简化为一个"T"，四神中玄武为一瑞兽代替（图148）。

（2）博局鸟兽纹镜　可分为四式：

Ⅰ式　博局鸟兽纹镜　此镜与（1）型大同小异，图中虽有青

图 148　简化博局四神镜
直径 11.1 厘米

图 149-1　博局鸟兽纹镜
直径 18.5 厘米

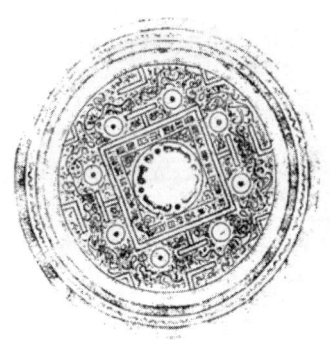

图 149-2　博局鸟兽纹镜

图 149-3　鎏金博局鸟兽纹镜

龙、白虎、朱雀等图案，但没有玄武，也未按方位排列，而是与奔马、鹿、羊、怪兽、羽人、小鸟等杂列在规矩纹之间（图 149）。

Ⅱ式　博局渔猎鸟兽纹镜　主纹博局鸟兽外还杂有人射虎、执鱼、掣鸟，以及嫦娥玉兔、桂树、小鸟等图案（图 150）。

Ⅲ式　铭文带博局鸟兽纹镜　主纹外有铭文一周，边有多层锯带或水波纹带（图 151）。

Ⅳ式　简化博局鸟兽纹镜，主纹博局中"V"或"T"被简化，

图 150　博局神人渔猎鸟兽纹镜
直径 14 厘米

图 151–1　漆言铭带博局鸟兽纹镜
直径 18.4 厘米

图 151–2　漆言铭带博局鸟兽纹镜
直径 18.8 厘米

边为画纹带（图 152）。

（3）博局八鸟镜　此型与（1）型的布局亦大抵相同，但填于博局间的是八禽鸟。可分三式：

Ⅰ式　博局八鸟镜　此式镜纹饰布局大抵同于（1）型，只是填于博局间的是八鸟（图 153）。

Ⅱ式　简化博局八鸟镜　此式镜背装饰趋于简化，博局图案

图 152–1 简化博局鸟兽纹镜

图 152–2 简化博局鸟兽纹镜
直径 13.6 厘米

图 152–3 简化博局鸟兽纹镜
直径 13.7 厘米

图 152–4 简化博局鸟兽纹镜
直径 15.6 厘米

图 153 博局八鸟镜
直径 13 厘米

"T"简化为"一",有的还将V也省去了,还有的索性将T皆简掉,只剩V(图154)。

Ⅲ式　简化博局四鸟镜　主纹四鸟,博局或省L,或L、V一并省去(图155)。

(4)博局几何纹镜　此型镜是上述博局镜趋于简化的结果,原来饰四种鸟兽的地方,仅有一些菱形、线条等类的几何图案,铭文也很少配置,边饰也简化为一圈锯齿纹。可分三式:

图154–1　简化博局八鸟镜　　　　图154–2　简化博局八鸟镜
　　　直径14.5厘米　　　　　　　　　　直径12.6厘米

图154–3　简化博局八鸟镜
直径10.5厘米

图155–1　简化博局四鸟镜　　　　　图155–2　简化博局四鸟镜
　　直径11.8厘米　　　　　　　　　　　直径10厘米

Ⅰ式　博局几何纹镜　圆形、圆钮，除博局外，另有八个乳钉，博局间，填以简单几何纹，边或为锯齿带，或为简单画纹带（图156）。

Ⅱ式　分离式博局几何纹镜　此式镜博局为一圈双线凸弦纹分为内外两部分，内为T，外为V⌐，边饰空心锯齿纹（图157）。

Ⅲ式　简化博局几何纹镜　此式博或省掉⌐、V仅剩T，已看

图156–1　博局几何纹镜　　　　　　图156–2　博局几何纹镜
　　直径10厘米　　　　　　　　　　　直径11厘米

不出博局的意思了（图158）。

（5）简化博局镜　此型镜将规矩纹随意简化成只剩一个"T"，或更简化为"一"，四乳钉仍存在，边缘只有一周锯齿纹（图159）。

## 9. 鸟兽纹镜类

此类镜的主纹是以四神图案演变而来的鸟兽纹，同时其间还杂

图157　分离式博局几何纹镜
直径10.1厘米

图158　简化博局几何纹镜
直径13.5厘米

图159-1　简化博局镜
直径8厘米

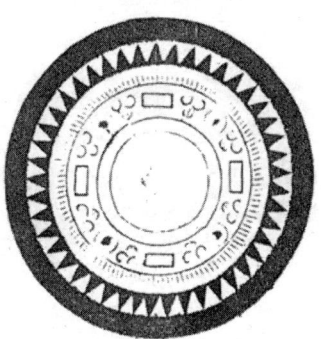

图159-2　简化博局镜
直径7厘米

有作为间隔的乳钉多枚。圆钮，圆钮座或柿蒂座，边缘饰以锯齿纹、双线波纹、流云纹等，可分二型：

（1）鸟兽纹带镜　在图案上已打破四神格局，以龙、虎、凤和其他鸟兽组成一环带形的主题纹饰，内容丰富多彩。可分四式：

Ⅰ式　鸟兽纹带镜　此式镜面图案丰富，主纹为多枚乳钉相间鸟兽纹，但也杂以神人及四神图案，边纹亦有多圈锯齿，流云纹等，有的还有铭文带（图160）。

图160-1　鸟兽纹带镜
直径 20.3 厘米

图160-2　鸟兽纹带镜

图160-3　鸟兽纹带镜

图160-4　鸟兽纹带镜
直径 15.5 厘米

Ⅱ式　浮雕式鸟兽纹带镜　内区主纹为相互追逐的浮雕式五只鸟兽，外区亦为一周非浮雕鸟兽纹带（图161）。

Ⅲ式　浮雕式鸟兽纹带龙虎镜　此处的鸟兽纹带已由单线变成浮雕式，并在镜钮下出现浮雕式龙虎各一（图162）。

Ⅳ式　凤鸟纹带镜　圆钮，连珠圈座，主纹为内外两周凸弦纹夹的凤鸟纹带，宽素缘（图163）。

图161-1　浮雕式鸟兽纹带镜
直径15厘米

图161-2　浮雕式鸟兽纹带镜
直径20.2厘米

图162　浮雕式鸟兽纹带龙虎镜
直径17.8厘米

图163　凤鸟纹带镜
直径13厘米

(2)多乳禽鸟镜　此型镜乳钉超过常见的四枚，并配以相等（或成倍）数量的禽鸟，不少禽鸟作鸡雏状态。可分三式：

Ⅰ式　五乳五鸟镜　此式主纹为五乳相间五鸟，外有铭文一周，再外为锯齿纹和波线纹一周，素缘（图164）。

Ⅱ式　六乳六鸟镜　此式主纹为六乳相间六鸟，外为辐射线及锯齿带各一周，鸟作鸡雏状（图165）。

Ⅲ式　七乳七鸟镜　此式主纹为七乳相间七鸟，外为辐射线及双线锯齿纹各一周，鸟作飞翔状（图166）。

图164　五乳五鸟镜

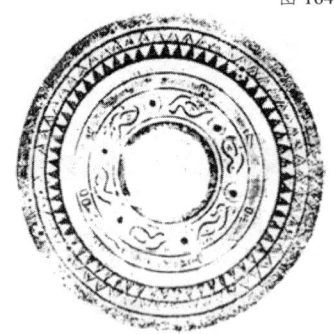

图165-1　六乳六鸟镜
直径11.5厘米

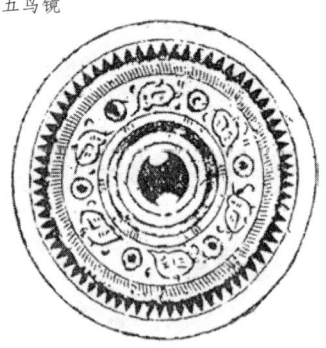

图165-2　六乳六鸟镜

图 166　七乳七鸟镜

## 10. 连弧纹镜类

此类镜以内向连弧纹为主题纹饰，可分三型：

（1）素连弧纹镜　主纹仅为连弧纹。宽素缘（图 167）。

（2）柿蒂座连弧纹镜　此型主纹同（1）型，但柿蒂间有铭文，可分四式：

Ⅰ式　柿蒂座连弧纹镜　此式座为柿蒂纹，蒂间四字为"君长宜官"（图 168）。

图 167　素连弧纹镜
直径 9.4 厘米

Ⅱ式 蝙蝠形柿蒂座连弧纹镜 此式柿蒂成蝙蝠形，柿蒂间铭文为"长宜子孙"，故有的称为"长宜子孙镜"（图169）。

Ⅲ式 云雷纹连弧纹镜 此式连弧纹缩小，云雷纹带成主纹，柿蒂座很小（图170）。

Ⅳ式 双重柿蒂座连弧纹镜 此式主纹大体同Ⅰ式，但柿蒂成双重状，柿蒂间亦有重叠变形柿蒂纹，其外尚有铭文一周（图171）。

图 168 柿蒂座连弧纹镜

图 169-1 蝙蝠形柿蒂座连弧纹镜
直径 15.8 厘米

图 169-2 蝙蝠形柿蒂座连弧纹镜

图 169-3 蝙蝠形柿蒂座连弧纹镜

图 170　云雷纹连弧纹镜　　　　图 171　双重柿蒂座连弧纹镜
　　　直径 15.8 厘米　　　　　　　　　直径 14 厘米

（3）神禽异兽变异连弧纹镜　单圈座，主纹连弧发生变异，成单体半圆块，其间杂以神禽异兽图案，外有一周铭文（图 172）。

11. 柿蒂纹镜类

圆钮或兽钮，圆钮座，此类镜的共同特征是柿蒂座扩大为主纹，并将画面隔成四区，依其图案，分以下三型：

（1）蝙蝠形柿蒂纹镜　此镜主纹由原柿蒂座扩大并演变为蝙蝠形而成，柿蒂间有四尖角及简单的半圆块（图 173）。

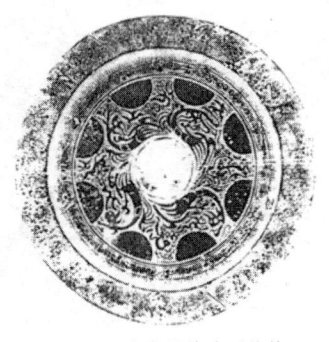

图 172　神禽异兽连弧纹镜
直径 19.6 厘米

(2）兽首镜　蝙蝠形柿蒂扩大并连接成一封闭式菱形，将图画隔成内外两区，外区为四大兽首，毛发卷曲，口鼻须眉清晰可见，内区有的饰四兽首，有的饰网格、鸟兽，有的饰铭文"位至三公"或四个"公"字，或"长宜高官"四个字。可分二式：

Ⅰ式　位至三公兽首镜　此式在蝙蝠形柿蒂内各角内均有字，构成"位至三公"句（图174）。

Ⅱ式　纪年铭带兽首镜　此式基本同于Ⅰ式，只是在主纹外多了一周铭文带，多为纪年铭（图175）。

(3）柿蒂凤纹镜　蝙蝠形柿蒂叶外为四支图案化的夔凤，再外为内向连弧一周，整个画面显得简单素雅。可分二式：

Ⅰ式　柿蒂凤纹镜　此式主纹系双夔龙与夔凤相间排列，但通称凤纹镜，其外为内向连弧一周（图176）。

Ⅱ式　柿蒂变异凤纹镜　此式夔凤纹发生变异，图案化较强（图177）。

图173　蝙蝠形柿蒂纹镜
直径8.6厘米

图174　位至三公兽首镜
直径10.8厘米

图 175–1　永康元年铭带兽首镜　　　图 175–2　建宁元年铭带兽首镜
　　　直径 14.7 厘米　　　　　　　　　　直径 21.5 厘米

图 175–3　熹平三年铭带兽首镜

图 176–1　柿蒂凤纹镜　　　　　　图 176–2　柿蒂凤纹镜

图 177–1　柿蒂变异凤纹镜　　　　图 177–2　柿蒂变异凤纹镜
　　　直径 16.5 厘米　　　　　　　　　　直径 17 厘米

12. 夔纹镜类

圆钮，圆钮座，此类镜除以夔纹作主题纹饰外，中有直铭，夔纹在铭旁作左右对称状，素缘。可分三型：

（1）双夔镜　主纹夔纹一边为夔龙，一边为夔凤，中直铭"长宜子孙"、"君宜高官"二句，反向，可分二式：

Ⅰ式　双夔镜　圆形，圆钮，重圈座，中有直铭"长宜孙"，直铭两边各有一双头夔，一端作龙头，一端作凤头，宽素缘（图178）。

Ⅱ式　连弧纹双夔镜　圆形，圆钮，中直铭一端作"长宜子孙"，一端作"长宜高官"，反向排列，直铭两边各有一夔，比Ⅰ式更图案化、艺术化（图179）。

（2）简化双夔镜　主纹双夔，有的难辨其是夔龙或夔凤，中有直铭，可分二式：

Ⅰ式　连弧简化双夔镜　圆钮，圆形，主纹为双头夔龙，置

图178 双夔镜

图179 连弧纹双夔镜
直径15.2厘米

于中直铭两边,中直铭为"生至君宜",再外为内向连弧一周(图180)。

Ⅱ式 简化双夔镜 圆形,圆钮,中直铭直排"君宜高官",直铭外两边各一竖排短横线。再外为简化双夔(图181)。

(3)夔凤镜 主纹为盘绕的两支夔凤,中无直铭(图182)。

图180 连弧简化双夔镜
直径10.3厘米

图181 简化双夔镜
直径11.5厘米

图 182　夔凤镜
直径 9.3 厘米

### 13. 龙虎镜类

大圆钮，圆钮座，主题纹饰呈浮雕状，多为龙、虎纹，可分四型：

（1）龙虎镜　主纹仅为一龙一虎，在钮左右张口对峙，在龙、虎尾部下端杂以鸟兽、羽人等图案（图183）。

（2）独龙镜　圆钮，圆钮座。可分三式：

图 183-1　龙虎镜
直径 10.6 厘米

图 183-2　龙虎镜
直径 9.3 厘米

Ⅰ式 画纹带独龙镜 主纹以高浮雕技法饰一龙,龙身被压于钮座之下,在画面空处还杂以鸟纹,近边处有一周由走兽组成的画纹带(图184)。

Ⅱ式 锯齿带独龙镜 主纹同Ⅰ式,但主纹外为一周或两周锯齿带,窄素缘(图185)。

Ⅲ式 单线独龙镜 主纹为单线形成的独龙纹,与前二式浮雕大不相同,纹饰清晰,主纹外亦为锯齿带(图186)。

图 184–1 画纹带独龙镜
直径 16.2 厘米

图 184–2 画纹带独龙镜
直径 11.8 厘米

图 184–3 画纹带独龙镜
直径 11.5 厘米

图 185–1　锯齿带独龙镜
直径 11.3 厘米

图 185–2　锯齿带独龙镜
直径 9.8 厘米

图 186–1　单线独龙镜
直径 11.1 厘米

图 186–2　单线独龙镜

（3）二虎镜　圆形，圆钮，重圈座，主纹二虎互相对峙，部分压于钮下（图 187）。

（4）三虎镜　圆形，圆钮。图 188–1，主纹二虎，二虎对峙，一虎在下，主纹外为一圈铭文："吏民作镜自有纪，明而月日世少有"，再外为射线，锯齿，波线纹各一周。图 188–2，主纹浮雕式三虎同向绕钮而行，其外为辐射线，锯齿，波线各一周。

图 187　二虎镜
直径 9.2 厘米

图 188-1　三虎镜
直径 10.7 厘米

图 188-2　三虎镜
直径 9.5 厘米

### 14. 变形四叶龙虎纹镜

圆形，圆钮，座外生出十字形变形四叶，将镜背分为四等份，四叶间或为龙，为虎，为龙虎兼有，依其差异可分三型：

（1）变形四叶夔龙纹镜　主纹为夔龙、夔凤相间于四叶之间，并有一周弦纹连接四叶，外为内向连弧（图 189）。

（2）变形四叶龙虎镜　圆钮，柿蒂座，四柱上为双重四叶，三

图 189　变形四叶菱龙纹镜

图 190　变形四叶龙虎镜
直径 20.3 厘米

龙一虎，列于四叶之间，素卷缘（图 190）。

（3）变形四叶四龙镜　四叶四龙组合虽然相同，但形态差异较大，可分三式：

Ⅰ式　箭形四叶四龙镜　主纹四叶呈箭形，龙纹曲颈前伸，趋于图案化（图 191）。

Ⅱ式　三角形四叶四龙镜　主纹四叶呈三角形，四龙作匍匐状，写实一些（图 192）。

图 191　箭形四叶四龙镜
直径 14.8 厘米

图 192　三角形四叶四龙镜
直径 12.1 厘米

Ⅲ式　简化四叶四龙镜　主纹四叶已基本简化掉，四龙除头，余皆图案化（图193）。

15. 神兽镜类

圆钮，圆钮座，都以神兽为主题纹饰，装饰技法上采用高浮雕，使形象更加逼真，近缘处亦都饰一周铭文，缘多饰细的卷云纹。此类镜是东汉最复杂的镜类之一，主要分二型：

（1）辐射状神兽镜　此型镜有的人称"求心式神兽镜"，其主纹神兽以镜钮为中心作辐射状排列。靠近主纹有一周立体的半圆块和方块相间排列的饰物，这周饰物可称"半圆方枚"，有的称"环状乳"、"半圆方格"等。半圆上多饰云纹，方枚上常饰铭文，每枚一至四个字不等。可分五式：

Ⅰ式　五神镜　此式同于一般环绕神兽镜，但主纹仅为五神而无兽（图194）。

Ⅱ式　简单神兽镜　主纹仅辐射状排列的二神四兽一侍，斜缘（图195）。

图193　简化四叶四龙镜

图194　五神镜

图195　简单神兽镜
直径10.6厘米

Ⅲ式　对置式神兽镜　主纹神兽大增,并且以镜钮为中心作对称排列,边饰简单纹饰(图196)。

Ⅳ式　环绕式神兽镜　主纹神兽增多并环绕镜钮排列,并不对称,边纹亦不复杂(图197)。

Ⅴ式　画纹带神兽镜　主纹高浮雕神兽并加半圆方枚,形制基本同Ⅲ式,所不同者是在镜缘附近加饰一周由羽人操舟、羽人乘

图196-1　对置式神兽镜
直径14.2厘米

图196-2　对置式神兽镜
直径14.5厘米

图 197-1　环绕式神兽镜
直径 12.3 厘米

图 197-2　环绕式神兽镜

图 197-3　环绕式神兽镜
直径 9.1 厘米

图 197-4　环绕式神兽镜
直径 11 厘米

龙、羽人跨凤以及奔龙、飞凤、异兽组成的一周画纹带（图198）。

（2）重列神兽镜　此型镜打破了传统的以镜钮为中心的排列方式，将神兽上下重列安排，亦可分三式：

Ⅰ式　简单重列神兽镜　此式镜神兽数量不多，神仅四五位，兽亦为五只（图199）。

Ⅱ式　直铭重列神兽镜　此式镜在上下重列的神兽中，钮上和

图 198-1 画纹带神兽镜

图 198-2 画纹带神兽镜
直径 21 厘米

图 198-3 画纹带神兽镜
直径 19.2 厘米

图 198-4 画纹带神兽镜
直径 10.3 厘米

钮下各有一条直行铭文，通常为"君宜官"三个字。镜中神兽数量虽然比Ⅰ式增多，但神兽形象增大，附纹取消，仅留一周铭文，所以神兽排列疏朗清晰（图 200）。

Ⅲ式 分段式重列神兽镜 此式镜中的神兽上下列成整齐的三排，中有横档将其分隔成三段的三段式重列神兽镜，此式神兽冗多，排列紧密（图 201）。另有排成二排的二段式重列神兽镜（图 202）。

图 199　简单重列神兽镜
直径 13.1 厘米

图 200–1　直铭重列神兽镜
直径 13.3 厘米

图 200–2　建安六年直铭重列神兽镜
直径 13.6 厘米

图 200–3　建安六年直铭重列神兽镜
直径 12.2 厘米

图 200–4　建安十年直铭重列神兽镜

图 200–5　建安十年直铭重列神兽镜

图 201-1　三段式重列神兽镜
直径 16.7 厘米

图 201-2　三段式重列神兽镜

图 201-3　三段式重列神兽镜
直径 11.3 厘米

图 202　二段式重列神兽镜
直径 13 厘米

### 16. 画像镜类

此类以浅浮雕手法，像东汉流行的画像石、画像砖一样，在镜背铸出神人、龙虎、车马、历史故事等题材，依画像内容有下列三型：

（1）神人画像镜　可分七式：

Ⅰ式　神人画像镜　此式镜主纹仅为四组神人，别无其他图案

（图203）。

Ⅱ式　神人舞乐百戏画像镜　圆形，圆钮，圆钮座，座上有一圈铭文，主纹为神人与舞乐百戏的场面，边有流云纹一周（图204）。

Ⅲ式　神人车马画像镜　此式主纹由四乳钉分为四区，一区为车马奔驰，三区为神人静坐，其旁有侍者羽人，或两区为车马，两区为神人静坐（图205）。

图203　神人画像镜

图204-1　神人舞乐百戏画像镜
直径20.8厘米

图204-2　神人舞乐百戏画像镜
直径21厘米

图 205–1　神人车马画像镜

图 205–2　神人车马画像镜
直径 21 厘米

图 205–3　神人车马画像镜

图 205–4　神人车马画像镜
直径 22.1 厘米

图 205–5　神人车马画像镜
直径 22 厘米

图 205–6　神人车马画像镜
直径 22 厘米

Ⅳ式　神人骑马画像镜　圆形，圆钮。此式主纹由四乳钉隔为四组图案，其中三组为神人组合，一组为二神人骑马奔驰，外有铭文带、锯齿带及流云纹各一周（图206）。

Ⅴ式　神人龙虎画像镜　所谓"神人"，一般人认为是东王公、西王母，在有的镜上也铸出这二位的名字。另有龙虎纹。其图为神人端坐，龙虎腾跃（图207）。

Ⅵ式　神人骑马龙虎画像镜　圆形，圆钮，方座，主纹一神人

图206　神人骑马画像镜

图207-1　神人龙虎画像镜　　　图207-2　神人龙虎画像镜
　　　　　　　　　　　　　　　　直径19.8厘米

骑马飞驰。另三方为二龙一虎。边缘流云纹（图208）。

Ⅶ式　神人瑞兽画像镜　圆形，圆钮。四乳钉将画面分为四组，二组神人分别为东王公、西王母，另二组为瑞兽，外为辐线纹及流云纹各一周（图209）。

（2）神禽瑞兽画像镜　可分四式：

Ⅰ式　四灵车马画像镜　圆形，圆钮，主纹分内外两区，内区为四灵，外区为车马，再外有铭文一周，边饰流云纹（图210）。

图208-1　神人骑马龙虎画像镜
直径17.8厘米

图208-2　神人骑马龙虎画像镜
直径18.3厘米

图209　神人瑞兽画像镜
直径19厘米

图210　四灵车马画像镜

Ⅱ式 龙虎瑞兽画像镜 圆形，圆钮，方座，主纹龙虎，瑞兽（有的为神羊），边饰游龙纹画纹带（图211）。

Ⅲ式 神禽瑞兽画像镜 圆形，圆钮，方格钮座，主纹为龙虎、凤及神羊，边饰画纹带或流云纹带（图212）。

Ⅳ式 瑞兽画像镜 圆形，圆钮，圆钮座，主纹四只或五只瑞兽，各由四或五个乳钉相间（图213）。

图211-1 龙虎瑞兽画像镜
直径21.4厘米

图211-2 龙虎瑞兽画像镜
直径20.7厘米

图212-1 神禽瑞兽画像镜
直径20.8厘米

图212-2 神禽瑞兽画像镜

(3) 人物画像镜

Ⅰ式 人物画像镜 圆形，圆钮，主纹由四乳钉间隔的人物歌舞、宴饮的四个画面，其外为两周锯齿纹夹一周波线纹，素缘（图214）。

Ⅱ式 人物屋舍画像镜 圆形，圆钮，主纹由四乳分隔成四个画面，其三面为屋舍，舍下为人物活动，仅一面无屋舍只有人物（图215）。

图213-1 瑞兽画像镜
直径18.3厘米

图213-2 瑞兽画像镜
直径16厘米

图214 人物画像镜

图215 人物屋舍画像镜
直径21.3厘米

Ⅲ式 吴王、伍子胥画像镜 画面以四乳钉相隔分为四区：一区为越王、范蠡；二区为越国二女西施、郑旦；三区为坐于幔帐中的吴王夫差；四区为怒发冲冠、咬牙瞪目欲持剑自杀以谏吴王的伍子胥。此画像取材于春秋时期吴越相争的故事（图216）。

17．涡云纹镜类

整个镜体不大，可分二型：

（1）涡云纹镜 镜背面除圆钮之外，都是不规则的大涡云纹（图

图 216-1 吴王、伍子胥画像镜

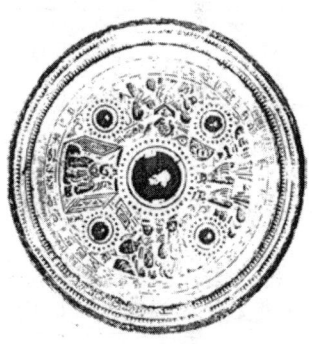

图 216-2 吴王、伍子胥画像镜

图 217 涡云纹镜
直径 8.9 厘米

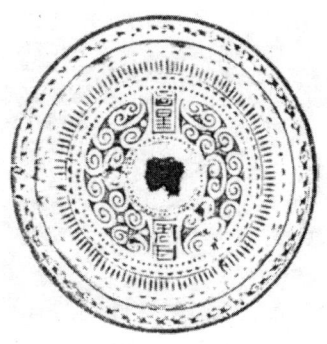

图 218 直铭涡云纹镜
直径 10.8 厘米

217)。

（2）直铭涡云纹镜　圆钮，连点纹座，钮上下有一条直铭："天皇君目"。直铭左右全系不规则的大涡云纹（图218）。

## 三、西汉透光镜

在众多的西汉铜镜中，有个别的铜镜有"透光效应"，当这种铜镜光洁的镜面能反射光亮时才会出现。上海博物馆就藏有两面，一面为日光镜，一面为昭明镜，与寻常所见的日光镜、昭明镜并无特殊之处，然而当日光或强聚的灯光照射镜面时，镜背的铭纹图案会反射到墙上，十分神奇，无怪乎国外（日本）称这种铜镜为"魔镜"，中国则称为"透光镜"（图伍、图陆）。

关于这种有透光效应的透光镜，古人早就发现，隋唐以来历代皆有记载。如隋唐之际的王度的《古镜记》、宋代周密的《癸辛杂识》续集及《云烟过眼录》、明郎瑛《七修类稿》、清徐元润《铜心传》

1　日光镜图案

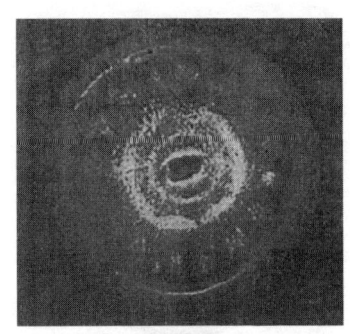
2　日光镜"透光"图案

图伍　日光镜及稳定光效应

 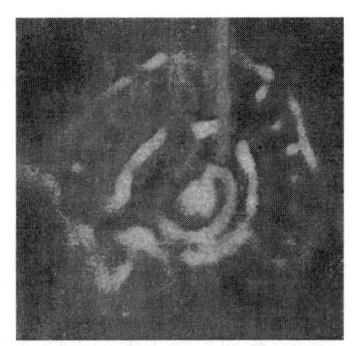

1　昭明镜图案　　　　　　　2　昭明镜"透光"图案

图陆　昭明镜及透光效应

等著作。

透光镜是怎么铸出来的呢？善于思索的古代学者在不断地探讨，著名学者沈括在《梦溪笔谈》三十三条中就谈到透光镜，他认为在铜镜铸造过程中，"铸时薄处先冷。唯背纹上差厚，后冷而铜缩多，文虽在背，而鉴面隐然有迹，所以于光中现"。也就是说"透光"产生是铸造过程中镜背的厚薄冷却速度不同所致，后冷处，铜收缩得多，造成镜面隐然有迹，这种隐迹能显现于光的反照中。清郑复光在他的《镜镜詅痴》卷五《作透光镜》条对沈说进行了重要的补充：他认为这种透光在近距离的脸上是反映不出来的，就像阳光照在一碗水上，再反映在墙上莹然现出一大团水光一样，通过光程的放大，透光现象才会发现。

但问题是几乎绝大多数铜镜镜背的厚薄皆不同，同样在铸造时有冷却先后的问题，为什么只有极少数有"透光"现象呢？沈括对此发出了疑问。显然还有其他原因，但到底什么原因？古人未解读出来，这道题留给了后人。

1974年复旦大学光学系的老师们通过热处理法试制透光镜成功，证明沈括的分析是对的，的确是铜镜在迅速冷却过程中产生的与镜背花纹相对应的微观曲率。接着上海交通大学铸工教研组从铸造的角度研究透光效应的产生问题。他们采用砂模铸镜，冷却脱模后加以研磨抛光，当研磨到一定程度时便产生与西汉镜一样的透光效应。经研究终于揭示了透光镜产生的原因是两大方面，一是在铸造过程中，镜背的花纹凹凸处凝固收缩，产生了铸造应力，使相应的镜面出现细微的曲变。同时在研磨时产生压应力，形成弹性形变，当青铜镜研磨到一定程度时这些因素叠加发生作用，使镜面产生与镜背花纹相应的曲率，通过光程放大，便发生透光效应。这就证明沈括与郑复光的研究结论是正确的，汉代劳动人民了解了透光现象，并掌握了专门的研磨技术，从而人为地制出了透光镜[1]。

## 四、两汉铜镜铭文举要

（1）大乐贵富，得所好，千秋万岁，宜酒食。

（2）修相思，烦毋相忘，大乐未央。

（3）见日之光，天下大明。

（4）见日之光，长毋相忘。

---

[1] 此节是根据陈佩芬先生的《西汉透光镜及其模拟试验》（《文物》1976年第6期）写成，特此说明。

(5) 常富贵，乐未央，长相思，毋相忘。

(6) 日有熹，宜酒食，长贵富，乐毋事。

(7) 君行卒，予志悲，久不见，侍前稀。

(8) 大上富贵，长乐未央，延年益寿，幸毋见忘。

(9) 与天相寿，与地相长。

(10) 与天无极，与美相长，欢乐未央，长毋相忘。

(11) 见日之光，天下大明，服者君卿，镜辟不祥，富于侯王，钱金满堂。

(12) 内清质以昭明，光辉象夫日月，心忽扬而愿忠，然壅塞而不泄。

(13) 涑冶铜华清而明，以之为镜而宜文章，延年益寿而辟不祥，与天无极，如日之光，长乐未央。

(14) 清冶铜华以为镜，照察衣服观容貌，丝组杂遝以为信，清光宜家人。

(15) 洁清白而事君，怨阴欢之弇明，焕玄锡之流泽，志疏远而日忘，慎糜美之穷皑，外承欢之可说，慕窈窕于灵泉，愿永思而毋绝。

(16) 日有熹，月有富，乐毋事，常得意，美人会，竽瑟侍，贾市程万物。

(17) 尚方御镜大毋伤，巧工刻之成文章，左龙右虎辟不羊（祥），朱鸟玄武顺阴阳，子孙备具居中央，长保二亲乐富昌，寿敝金石如侯王兮。

(18) 尚方作镜真大好，上有仙人不知老，渴饮玉泉饥食枣，浮游天下敖四海，寿如金石为国保。

（19）尚方作镜自有纪，良辰时日家大富，九子九孙各有熹，位至三公中常侍，上有西王母东王公，仙人子乔赤由（松）子。

（20）新有善铜出丹阳，和以银锡清且明，左龙右虎主四彭（旁），朱爵玄武顺阴阳，八子十二孙治中央，法象天地，如日之光，千秋万岁，长乐未央兮。

（21）朱氏明镜快人意，上有龙虎四时宜，常保二亲宜酒食，君宜官秩家大富，乐未央，宜牛羊。

（22）杜氏作镜四夷服，多贺国家人民息，胡虏殄灭天下复，风雨时节五谷熟，长保二亲受大福，传吉后世子孙力，官位高。

（23）上大山，见神人，食玉英，饮澧泉，驾文龙，乘浮云，君宜官，秩保子。

（24）福禄进今日以前，天道汤汤（荡荡）物自然，参驾蚩龙乘浮云，白虎失，上大山，凤鸟下，见神人。

（25）来言之纪从镜始，长保二亲和孙子，辟除不羊（祥）宜古市，从今以往乐乃始。

（26）三羊明镜自有方，白同（铜）清明复多光，买者大利家富昌，十男五女为侯王，父姁相守寿命长，居世间乐未央，宜侯王乐未央。

（27）吾作明镜自有尚，工师刻像主文章，上有古兽辟非羊（祥），服之寿考宜侯王。

（28）吾作明镜，幽谏三商，周刻无极，配象万疆，伯牙作乐，众神见容，天禽并存，福禄自从，富贵安同，增新益昌，其师命长。

（29）吾作明镜，幽谏三商，配象万疆，统德序道，敬奉贤良，雕刻无极，百身长乐，乐事主阳，福禄正明，富贵安乐，盖寿增年，侯王长富，子孙蕃昌，贤者高显，士至公卿，与师命长。

（30）吾作明镜，幽谏宫商，周缘容象，五帝天皇，白牙弹琴，黄帝除凶，朱鸟玄武，白虎青龙，君宜高官，子孙藩昌。

（31）熹平三年（公元174年）正月丙牛，吾造作尚方明竟，广汉西蜀，合谏黄白，周刻无极，世得光明。买人大富，长宜子孙，延年益寿，长乐未央兮。

（32）建安九年（公元204年）九月九日丙午造作尚方明镜，幽谏三商，上有东王父西王母，生如山石，长宜孙子，八千万里，富且昌，乐未央，宜侯王，师命长，买者大吉羊，宜吉羊，君宜高官。位至三公，长乐央。

（33）吾作明镜宜侯王，家有五马千头羊，官高位至车丞（相），出止□人命当苌生，安□明以众。

（34）许氏作竟自有纪，青龙白虎居左右，圣人周公鲁孔子，作吏高迁车生耳，郡荐孝廉州博士，少不努力老乃悔，吉。

（35）龙氏作镜大毋伤，亲（新）有善铜出丹阳，和已（以）昆易（锡）清且明，刻画奇守（兽）成文章，距虚辟邪除群凶，除子天禄会是中，长宜子孙大吉羊。

## 第五章

# 中国铜镜的缓进阶段
## ——三国两晋南北朝时期

三国两晋南北朝时期,不仅在政治上上承两汉,下启隋唐,就在铜镜铸造业上也是一个承先启后的过渡阶段。

东汉末年以来,军阀割据混战,政治上进入分裂状态,战乱连年,社会生产受到严重影响,北方经济几乎处于停滞状况,南方经济虽然有所发展,但前比两汉,后比隋唐,速度要低得多,这种经济上的缓进时期,也导致铸镜业呈现出缓进的状态。

### 一、三国两晋南北朝铜镜的分期和分区

三国两晋南北朝时期政治上的分裂和北方战乱频繁,导致南方与北方经济发展的不平衡,因此,使得铜镜的制作,包括形态、纹饰和铸造工艺不仅随着时代的推移而变化,呈现出阶段性,而且明显地表现出南北地区性的差异,所以,有必要就其时代分期与分区

进行介绍，大致可分三期：

1. 三国至两晋

由于生产制作技艺、风格的连续性和使用的延续性，所以这期实际上是从汉末起。

汉末大乱，北方铸镜中心洛阳的中央尚方工官和各地作坊遭到严重的破坏。曹魏政权建立并迁都洛阳后，虽重建尚方工官，使铸镜业有所恢复，但所铸铜镜毫无创新，仍沿袭东汉以来的镜类，如简化规矩镜、兽首镜、夔凤镜、独龙镜、鸟纹镜、双夔镜等，唯一新出的是从双夔镜演变而来的"位至三公"镜。

长江流域在汉末动乱中保持了相对安定的局面，吴国的铸镜业得到了空前的发展，达到了鼎盛的地步，形成了会稽山阴（今浙江绍兴市）和武昌（今湖北鄂州市）两个制镜中心。然而所铸镜类仍多为东汉以来流行的品种，如北方盛行的简化规矩镜、夔凤镜、龙虎镜，和南方盛行的神兽镜与画像镜，在具体形式上也变化不大。新出的仅是四叶八凤镜系统的四叶八凤佛兽镜和辐射状画纹带佛兽镜。

2. 东晋十六国和南北朝前期

此时中原从"八王之乱"以来，即已陷入四分五裂的状态，连年的战乱使手工业遭到严重的摧残，铜镜铸造几乎停顿了。南方的铸镜业也出现衰退的景象，在镜类上变化也大，神兽镜中一般重列神兽镜和辐射状重列神兽镜大为减少，分段式重列神兽镜到东晋时便完全绝迹了，只半圆方枚神兽镜还有较多的数量在流行，但铸造质量差了，图案也显得简单粗糙。画像镜也有类似的变化，在图案上不再是栩栩如生的车马神人龙虎之类,而是简单的二神二侍加二兽,制作粗放,铜质亦低劣。夔凤镜也很罕见,花纹繁丽的四叶八凤镜也简化为画面单调的四叶四凤镜了。

### 3. 南北朝后期

此时北方虽已统一,但铸镜业并未恢复,由于不再生产铜镜,因而社会上不仅大量沿用着东汉魏晋以来的旧镜,甚至西汉的铜镜也拿出来使用了。这时南方的铸镜业也由于铜料的缺乏和社会动乱而更为衰退,有艺术特色的神兽镜和画像镜更难见着了,简化规矩镜、独龙镜之类体小质差,制作更粗劣草率,与前代相比已面目全非了。

## 二、三国两晋南北朝铜镜的分类

此时期所见的铜镜,在类别上大至同于东汉晚期,新出的种类有,但不多,常见的计有以下八类:

### 1. 神兽镜类

形制基本同于汉镜,可分二型:

(1) 辐射状神兽镜　此型从总的情况来看,制作质量较差,铭文和图像皆不怎么清晰,但也有少数例外,如湖北鄂州市出土的鎏金画纹带神兽镜就是当时生产的精品例子。可分二式:

Ⅰ式　对置式神兽镜　这段时间的对置式神兽镜神兽不太多,主纹之外有几周副纹,如半圆方枚、射线、锯齿纹、铭文、画纹带等,不少为纪年镜(图219)。

图 219-1　永安四年铭对置式神兽镜
直径 12.1 厘米

图 219-2　对置式神兽镜
直径 12.3 厘米

图 219-3　黄武六年铭对置式神兽镜
直径 11 厘米

图 219-4　对置式神兽镜
直径 12.6 厘米

图 219-5　太康三年铭对置式神兽镜
直径 13.6 厘米

图 219-6　对置式神兽镜
直径 15 厘米

图 219-7 对置式神兽镜

Ⅱ式 环绕式神兽镜 此式图案围绕镜钮排列，并不完全对置（图220）。在方枚上有铭文，但并未形成长篇的铭文带，其外为一周单线锯齿纹和两周画纹带。

(2) 重列神兽镜 形制基本同于汉镜，但所铸图像繁密不清晰，且神兽量多，铭文的字迹也不清楚，这反映出当时的时代特点。可分三式：

Ⅰ式 简单重列神兽镜 此式六神四兽重列布局，内容较为简

图 220 环绕式神兽镜
直径 18 厘米

单，其外区有单线锯齿纹、铭文、几何纹各一周（图221-1），另一面则外区副纹为半圆枚，辐射线及画纹带各一周（图221-2）。

Ⅱ式　三段式重列神兽镜　此式铜镜明显分为三段，上、下两段各为主神一胁侍二，中段左右各一神，边纹为辐射线，锯齿纹各一周素像（图222）。

Ⅲ式　五段式重列神兽镜　此式明显可见众多神兽用隔档分为五段，神兽图像繁多，左青龙右白虎分居两边。边有铭文一周及简

图221-1　简单重列神兽镜
直径11.7厘米

图221-2　简单重列神兽镜
直径17.7厘米

图222　三段式重列神兽镜

单边饰（图223）。

### 2. 画像镜

此类镜亦同于东汉，产于南方，依画面内容仍有神人龙虎画像镜、神人车马画像镜、神人鸟兽画像镜以及吴王、伍子胥画像镜等几型，所不同者，吴镜与汉镜的差别在于镜缘不仅有平的，而且很多是斜的或三角形的，缘部高而尖，可称为"三角缘画像镜"。在第二期出现一种仅为二神二侍二兽组成的简易型画像镜，则可谓画

图223–1 永安四年铭五段式重列神兽镜

图223–2 五段式重列神兽镜
直径13厘米

图223–3 五段式重列神兽镜
直径12厘米

像镜之尾声了。可分二型：

（1）神人画像镜　此式以神人为主，配以其他图案，可分三式：

Ⅰ式　神人画像镜　此式镜图案简单，仅为神人，主纹外亦饰简单的辐射线、牙边纹等（图224）。

Ⅱ式　神人龙虎画像镜　此式画像镜上下两面为神人，左右两边为龙虎，再外即为铭纹、锯齿纹、辐射线纹等（图225）。

Ⅲ式　神人鸟兽画像镜　此式神人鸟兽之间有四乳、五乳、六

图224–1　神人画像镜
直径16.1厘米

图224–2　神人画像镜

图225–1　神人龙虎画像镜
直径16厘米

图225–2　神人龙虎画像镜
直径18.6厘米

图 225-3　神人龙虎画像镜
直径 16 厘米

乳钉相间，因此画面分四组、五组、六组，唯六组者图案复杂，分内、外两区，再外为铭纹、辐射线及锯齿纹各一周，最外边还有一圈画纹带（图 226）。

（2）吴王、伍子胥画像镜　此型图案基本同于汉代同型镜，一旁是不听劝谏欲放越王的吴王，一旁是挥剑自刎的忠臣伍子胥，再一旁是窃喜的西施、郑旦，相对的是即将离开的越王与范蠡（图 227）。

3. 蝙蝠形柿蒂纹镜

大圆钮，大圆角方形座，座为主纹蝙蝠形四柿蒂，有的柿蒂间与柿蒂中各有一大小三出三叶纹，外有小内向连弧及云纹各一周（图 228）。

4. 柿蒂八凤镜

可分二型：

（1）柿蒂八凤镜　大圆钮，圆座，座外为一内空呈圆角方形的

图 226–1　神人鸟兽画像镜
直径 16.3 厘米

图 226–2　神人鸟兽画像镜
直径 16.1 厘米

图 226–3　神人鸟兽画像镜
直径 20.2 厘米

图 226–4　神人鸟兽画像镜

图 227–1　吴王、伍子胥画像镜
直径 21 厘米

图 227–2　吴王、伍子胥画像镜
直径 19.5 厘米

图227-3　吴王、伍子胥画像镜
直径20.7厘米

图228-1　蝙蝠形柿蒂纹镜
直径10厘米

图228-2　蝙蝠形柿蒂纹镜
直径10.5厘米

柿蒂，柿蒂外为八只凤，成对组合，各居一边，凤纹如剪纸，图案化很强，边为一周小连弧圈（图229）。

（2）宝珠形柿蒂八凤镜　此型，四柿蒂纹变成宝珠形，根据其边饰可分三式：

Ⅰ式　素连弧柿蒂八凤镜　此式边饰简单仅为素连弧（图230）。

Ⅱ式　卷云纹柿蒂八凤镜　此式边饰连弧线，内为卷云纹（图

图 229-1 柿蒂八凤镜　　　　　图 229-2 柿蒂八凤镜
　　直径 11 厘米　　　　　　　　　直径 14.1 厘米

图 230-1 素连弧柿蒂八凤镜　　图 230-2 素连弧柿蒂八凤镜
　　直径 13.9 厘米

231)。

Ⅲ式　瑞兽柿蒂八凤镜　此式边饰连弧线，内为瑞兽（图 232）。

5. 四叶八凤镜类

此类镜的共同特点是大圆钮，圆座，主纹一般为四大张心形叶与组成四对的写实性较强的八凤相间，再外为一周内饰图案的连弧圈。可分三型：

图 231-1 卷云纹柿蒂八凤镜

图 231-2 卷云纹柿蒂八凤镜
直径 12.6 厘米

图 232-1 瑞兽柿蒂八凤镜
直径 17 厘米

图 232-2 瑞兽柿蒂八凤镜
直径 20 厘米

（1）四叶瑞兽八凤镜 座外由单凸线铸成的四大心形叶将主要画面分成四区，叶内各饰一瑞兽，每区内有一写实性较强的对凤，故曰八凤。八凤之外为一周内饰瑞兽的大连弧圈，再可分为三式：

Ⅰ式 宽素缘四叶瑞兽八凤镜 主纹如上述，镜边无其他纹饰，仅为一宽素缘（图233）。

Ⅱ式 云纹带四叶瑞兽八凤镜 主纹同Ⅰ式，连弧线内为卷云纹，外缘为云纹带（图234）。

Ⅲ式　画纹带四叶瑞兽八凤镜　该式铜镜的特别之处在于在内饰瑞兽的大连弧圈之外近边处尚有一周画纹带，这周画纹带由作奔走状的瑞兽图案组成（图235）。

（2）四叶佛像八凤镜　此型镜发现不多，仅在原东吴境内发现少数几面，或称为四叶佛像鸾凤镜，或称为佛像夔凤镜。其独特之

图233-1　宽素沿四叶瑞兽八凤镜
　　　　　直径17厘米

图233-2　宽素缘四叶瑞兽八凤镜
　　　　　直径14.9厘米

图233-3　宽素沿四叶瑞兽八凤镜
　　　　　直径14.4厘米

图234　云纹带四叶瑞兽八凤镜
　　　　直径16.8厘米

图 235–1　画纹带四叶瑞兽八凤镜　　　　图 235–2　画纹带四叶瑞兽八凤镜
　　　　直径 17 厘米　　　　　　　　　　　　　　直径 18.5 厘米

处在于心形叶内各饰佛像一尊，皆为"深山苦修"的佛本生故事图案，但又分两种内容，有三幅为佛在莲台上双脚上盘作结跏趺坐，莲台下两侧各有一龙，是为护卫佛教的天龙，为"八部护法"之一；另一幅佛亦坐于莲台上，但一脚下垂，仅单足上盘，作半结跏思维像。像前跪一双手合十的人，似为正在礼佛的头着宝冠的菩萨，佛后立一人或为佛的胁侍弟子，亦为头着宝冠的菩萨。每个佛像的顶上都有华盖，背后有背光。主纹处为一周饰有各种神禽异兽的大连弧圈，再外为宽素缘（图 236）。

（3）四叶人物八凤镜　此型虽仍为四叶八凤，但叶内为四站立的双臂上举的人，八凤图案小而粗放，小单线连弧内空空的，外为射线和锯齿纹，制作粗糙（图 237）。

6. 龙虎镜

主纹系龙虎，可分三型：

（1）龙虎镜　可分五式；

图 236 四叶佛像八凤镜
直径 16.3 厘米

图 237 四叶人物八凤镜
直径 15.5 厘米

Ⅰ式 龙虎镜 此型与东汉的高浮雕龙虎镜相同,龙虎身躯部分被压于镜钮下,外有一周铭文,高圆钮,圆座(图 238)。

Ⅱ式 二龙一虎镜 此式主纹虽仍是龙虎,但在对峙的龙虎纹下又有龙,故为二龙一虎,其他有二周辐射线(图 239)。

Ⅲ式 瑞兽龙虎镜 此式主纹仍是对峙的龙虎,但在龙虎下为瑞兽,其外尚有铭文、辐射线与锯齿纹各一周(图 240)。

Ⅳ式 鸟兽纹带龙虎镜 高圆钮,圆座,高浮雕龙虎身躯部分被压于镜钮下,其外为一周浮雕的神禽异兽纹带,近边处有一周斜角云纹,素宽缘(图 241)。

Ⅴ式 异向龙虎镜 主纹龙虎异向排列,被压于钮下,其外有铭文一周,再外为辐射线纹、锯齿纹及水波纹一周(图 242)。

(2)三龙镜 圆钮,重圈座。主纹系浮雕的三龙,其中两龙相斗,一龙在下方。主纹处尚有铭文一周,辐线纹两周、双线波纹一周,窄素缘(图 243)。

图238–1 龙虎镜
直径11.8厘米

图238–2 龙虎镜
直径11厘米

图238–3 龙虎镜
直径13.1厘米

图239 二龙一虎镜
直径8.5厘米

图240–1 瑞兽龙虎镜

图240–2 瑞兽龙虎镜
直径11.2厘米

图 241-1　鸟兽纹带龙虎镜

图 241-2　鸟兽纹带龙虎镜
直径 12 厘米

图 241-3　鸟兽纹带龙虎镜
直径 17.9 厘米

图 242　异向龙虎镜
直径 11.6 厘米

（3）虎纹镜　主纹仅为虎纹，可分二式：

Ⅰ式　三虎镜　圆钮，圆座，主纹浮雕式三虎同向绕钮。其外虎短斜纹，锯齿纹及波状纹各一周。直径 9.5 厘米（图 244）。

Ⅱ式　四虎镜　圆钮，圆座，主纹四虎，浅浮雕，两两对峙，其外为三角纹二周（图 245）。

### 7. 神禽瑞兽镜

可分二型：

图 243　三龙镜
直径 11.3 厘米

图 244–1　三虎镜　　　　　图 244–2　三虎镜
直径 9.2 厘米　　　　　　　直径 9.1 厘米

（1）神禽镜　可分三式：

Ⅰ式　独凤镜　此式镜较小，主纹仅一飞凤，外有铭文一周："三羊乍竟自有纪"七字，其外为辐射线一周（图246）。

Ⅱ式　独鸟镜　此镜风格同Ⅰ式，只是主纹为一飞鸟，外有辐射线及锯齿纹一周（图247）。

Ⅲ式　四鸳鸯镜　主纹四菱形块分为四部分，两鸳鸯相对并上下对置，素卷缘（图248）。

（2）四辟邪镜　圆钮，圆座，座外四只张口辟邪同向绕钮追逐。主纹外为辐射线纹和涡云纹各一周（图249）。

8.简化双夔镜

铸质有的较差，由于夔纹甚为简化，难以辨识其为夔龙或夔凤。中有直铭，有的上下合为"位至三公"四个字，故此，有人称此镜为"位至三公"镜（图250）。

图245　四虎镜
直径11厘米

图246　独凤镜
直径8.9厘米

图247　独鸟镜
直径8.9厘米

图248　四鸳鸯镜
直径7厘米

图249　四辟邪镜
直径9.4厘米

图250–1　简化双夔镜
直径9.2厘米

图250–2　简化双夔镜

## 三、汉三国六朝铜镜神兽图像及有关铭文简释

存在决定意识,具有丰富精神内容及艺术特色的汉镜神兽图像及其有关铭文是当时社会思想的反映,制镜匠师是一般民间手工业者,必定与民间流行的思想意识息息相关,神兽图像流行的时代是

西汉晚期到东汉,一直延续到六朝时期,而在这一阶段里,先是谶纬迷信非常猖獗,紧接着道教在民间也广为传播。因此,从分析谶纬迷信和道教信仰着手,并参照其他方面的思想影响,是探索神兽图像具体内容的有效方法,根据这种方法,我们考释出神兽图像的身份及有关铭文的内容。兹述如下:

**1. 道教群神图像**

镜铭中常出现"天皇"、"五帝"、"东王公"、"西王母"、"王子乔"、"赤松子"、"栢子高"等道教神仙名称,说明镜中的神像与上述这些道教群神有密不可分的联系。我们根据道教有关经籍,分析出铜镜中相应部位神像的身份(图柒,人物图1—3)。

(1)天皇  在道教经籍中也叫"皇天上帝"。《列仙传》曰:"观天皇于紫微",《老子中经·上篇》曰:"皇天上帝,中极北辰中央星也。"重列神兽镜中玄武图案所在处为北(实际上是在铜镜下方),

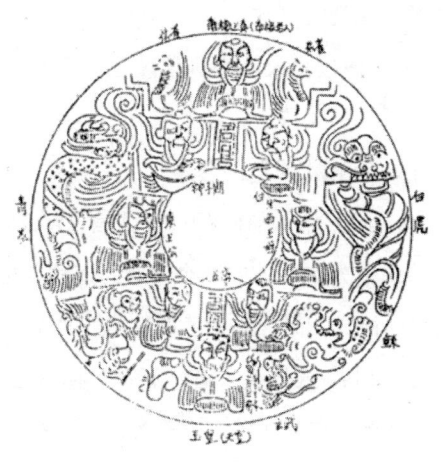

图柒  道教群神及传说人物图1

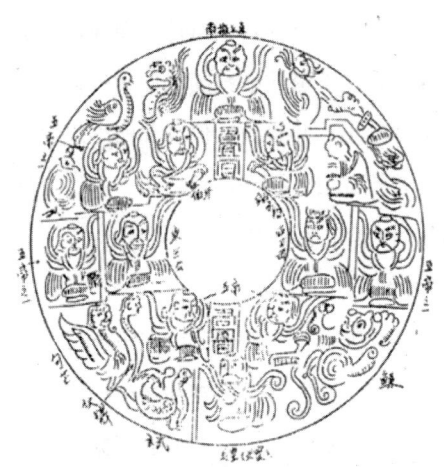

图柒　道教群神及传说人物图 2

因此紧靠玄武而居中的那位神像就是"天皇"、"皇天上帝"。

（2）南极真人上皇赤帝　在重列神兽镜中朱凤（即朱雀）所在的南方（实际上多在铜镜的上方），有一为两朱雀夹侍，或一龙一朱凤夹侍的神像，他就是道教中的"南极真人上皇赤帝"，据道籍《南极尊师记》载，南极真人从小执意修道，感动了昊苍上帝，使之悟道成神，并派"朱凤侍卫，神龙翼轩"，后又授予"南极真人上皇赤帝"，简称"南极上真"的尊号。

（3）五帝　关于五帝，早在《周礼·天官·大宰》中就有记载，即指中国古代传说中分掌五方的五个天帝，道教徒接过这个传说，五帝遂成了道教的神灵，而且赋予了道教神祇的称号——"五城真人"。《老子中经》曰："五城真人者，五帝之神名也。东方之神名曰句芒子，号曰文始洪崖先生，东方苍帝，东海君也；南方之神名曰祝融子，号曰赤精成子，南方赤帝，南海君也；西方之神名曰蓐收子,号曰夏里黄公;西方白帝,西海君也;北方之神名曰愚强子,号曰玄冥子昌,北方黑帝,北海君也;中央之神名曰黄裳子,号曰黄神彭祖,中央黄帝君也。"

（4）西王母、东王公（亦曰东王父） 在重列神兽镜镜钮两边的男女二神、画像镜中的男女二神,据图像旁的自铭叫西王母、东王公,关于西王母的传说早已有之,如汲冢竹书《穆天子传》、《山海经》等,与后来才有的道教可谓风马牛不相及。然而,道教出现以后,她被硬拉进道教神祇的行列,称为王母、王母娘娘,并为她立传,说她是道教至上神元始天尊的师妹,专门负责"制召万灵,统括真圣,监盟征仪,总诸天之羽仪","天上天下三界十方女子登仙得道者咸所隶焉",在仙班中权力大得很。《神异经·中荒经》还给他杜撰了一个丈夫——东王公,道经更说得神乎其神,《老子中经》曰:"东王公者,清阳之气也,万神之先,治东方,下在蓬莱

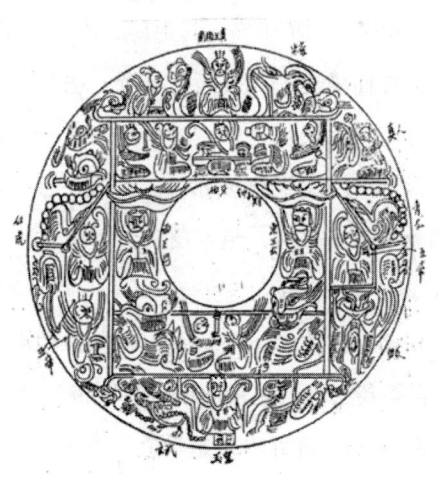

图柒　道教群神及传说人物图4

图柒 道教群神及传说人物图 4

山,姓无为,字君解。"他和西王母一道"共理(阴阳)二气,而养育天地,陶钧万物",神通极其广大。并且还专管男仙的名籍,由此,善男信女当然应格外恭敬。

(5)王乔、赤松子、栢子高 其中前二位,《淮南子·泰族训》早已把他们作为神仙描述了:"王乔、赤松,去尘埃之间,离群慝之纷,吸阴阳之气,食天地之精,呼而出故,吸而入新,蹀虚轻举,乘云游雾。"同书《齐物训》亦曰:"今夫王乔、赤松子,吹呕呼吸,吐故纳新,遗形去智,绝素反真,以游玄妙,上通云天。"栢子高在《山海经·海内经》上就提到:"华山青水之东,有山名肇山,有人名曰栢高(郭注:栢子高,仙者也)。柏高上下于此,至于天(郭注:言翱翔云天,往来此山也)。"道经《云籍七签·纪·三天君列记》载:"栢子高九岁开始学道,成功后,传得为上清真人,位曰总仙大司马、长生法师主、三天君……总司学道之仙籍,主持三天之人神万仙……",地位相当高。

（6）真人（仙人、羽人）　在铜镜图像中常见的那种身生羽翼之人，虽处于画面中的边边角角的地位，但却是道教仙班中的重要角色，据道经解释，真人或"生毛羽"，或穿"五色羽衣"、"五色飞云羽"。《淮南子·俶真训》曰："若夫真人，则动容于至虚，而游于灭亡之野，骑蜚廉而从敦圄，驰于方外，休乎宇内，烛十日而使风。"《老子中经》亦曰："真人无形，衣五彩朱衣，而居无常处，东春南夏西秋北冬，浮游名山昆仑、蓬莱、大郢九域之上……真人得道，八千万岁，乘珠玉云气之车，驾无极之马，乘六飞龙，佐上皇而治。"（图玖6—9）。

2. 传说人物图像（图柒，人物图2、人物图4）

（1）伏羲　在重列神兽镜左下角，有一人首蛇身图像，此即传说中的伏羲。《列子·黄帝篇》曰："庖牺氏，蛇身人面。"皇甫谧《帝王世纪》亦曰："庖牺氏……蛇身人首。"相传伏羲发明八卦，而推演八卦，进行卦卜，乃是道教的主要手段之一，因此伏羲得到道教徒的很大尊重。

（2）句芒　紧靠伏羲有位鸟身人首之神，便是神话中的句芒。《山海经·海外东经》曰：句芒"鸟身人面"，《山海经图赞》也说："有神人面鸟身"，即为句芒。《墨子·明鬼篇》载这位"鸟身……面状正方"的神赐龄秦穆公的故事，秦穆公问他是谁，答曰："予为句芒。"

（3）鲧　在重列神兽镜北方玄武之侧，水波之中有一似熊似虎的神，即鲧。鲧因治水无方被放逐，死于羽山，死后，"其神化为黄熊，以入于羽渊，实为夏郊，三代祀之"(《左传·昭公七年》),"又通在群神数，并见祀"(《左传·昭公七年》)。鲧因治水而死，深得人民同情，故夏商周三代皆视之若神明，因其神化为黄熊而入羽渊，故是为水府之神而作熊状入于铜镜画面。

### 3. 神禽异兽图像

（1）四神和四灵　位于镜背画面东西南北四方的青龙、白虎、朱雀、玄武（龟蛇）即为四神。四神最早的含义是"四方宿名",《论衡·物势篇》曰："东方木也，其星苍龙也；西方金也，其星白虎也；南方火也，其星朱雀也；北方水也，其星玄武也。天有四星之精，降生四兽之体。"但谶纬迷信猖獗后，四神便被谶纬利用来表示阴阳、预言祥瑞、清除邪恶的工具，故镜铭有"朱雀玄武顺阴阳，青龙白虎辟不祥"之词句。四神有的典籍也称为四灵，在《三辅黄图》曰："苍龙、白虎、朱雀、玄武，天之四灵，以正四方。"但《礼纪·礼运篇》曰："麟、凤、龟、龙，谓之四灵。"无论何为四灵，但都是铜镜中常见的图像（图捌）。

（2）辟邪与天禄　镜铭中常指此二兽，这二兽皆是传说中的神兽，东汉墓阙前常置石辟邪，那种似狮而带翼的动物就是辟邪，天禄从图像上看很相似于辟邪，有人认为单角者为辟邪，双角者为天禄，或当有所见，这二兽是辐射状神兽镜中很常见的（图玖3）。

（3）獬豸　铜镜图像中有种似鹿非鹿，似羊非羊的动物，头上一角，这就是獬豸,《说文解字》引注曰"解廌（豸）似鹿而一角……"《说文浅笺》亦曰："或云似鹿，或云神羊，或云山牛者，盖此兽，本罕见，各疑其形耳。"（图玖1—2）。

图捌 四神和四灵图
1—4 青龙  5—9 白虎  10—13 朱雀  14—15 麒麟

(4) 蜚廉和敦圄  此二兽的图案常见于画纹带神兽镜的画纹带中,庄逵在注《淮南子·俶真训》中"若夫真人……骑蜚廉而从敦圄……"一句时说道:"蜚廉,兽名,长尾有翼;敦圄,似虎而小……"它们的出现多与真人联系在一起(图玖4、5)。

图玖 瑞兽及真人图
1—2 獬 3 辟邪 4 蜚廉 5 恶来 6—9 真人（羽人）

## 四、汉三国六朝铜镜镜面曲率的变化与制镜工艺的发展

我们知道，在战国时期铜镜镜面基本上是平面，平面固然有使外界物体反映在镜面的形象不致失真的优点（关于镜面的光洁度暂不考虑在内），但它所反映的物体的面积是不大的。要想照出大于镜面的物体，只有将镜子（或者物体）移于较远的位置，但这既不便于使用，又难以看清细部，因此镜面呈水平面与日益提高的生活要求不相适应了。

制镜匠师在长期的生产实践中，逐渐探索出一个道理：使镜面略带一定的曲度，即制成类似于现代的球面镜，就能以较小的镜面在近距离内收进大于镜面的物像。但又不能无限制地增加镜面的曲度，过大的曲度反映在镜中的物像就会像哈哈镜一样，严重失真，也就失去了镜子应起的作用。我们从铜镜测量的数据中得知，制镜匠师通过不断的实验和实践，仔细而小心地增加着镜面的曲度，这样，镜面就由战国时期的平面向着球面发展变化了。

我们是通过找出球面的半径——即这个球面的球体的半径间接地了解镜面曲度这个问题的。这个半径在光学物理上叫"曲率半径"，同样大小的铜镜，曲率半径越大，镜面曲度就越小；反之，曲率半径越小，镜面曲度就越大。因此，我们只需掌握曲率半径的变化，就可以知道镜面的曲度的演变情况了。

运用下述简单方法就可以找出曲率半径：

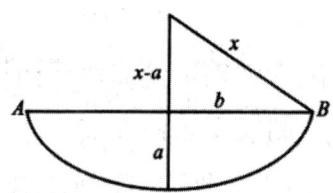

AB 弧即镜面，已知：镜面曲度的弦高为 a，铜镜半径为 b，假设：曲率半径为 x，根据《勾股定理》：

$$x^2 = (x-a)^2 + b^2$$
$$= x^2 - 2ax + a^2 + b^2$$
$$x^2 - x^2 + 2ax = a^2 + b^2$$
$$2ax = a^2 + b^2$$
$$x = \frac{a^2 + b^2}{2a}$$

我们测量了湖北鄂州市出土的汉魏六朝铜镜 20 面的有关数据，运用 $x = \frac{a^2+b^2}{2a}$ 这一公式，算出了它们的曲率半径。大致情况是：西汉中、晚期的铜镜是 100 厘米左右，东汉后期的铜镜大约为 70 多厘米，到东汉末期降到 40 多厘米。然而三国初又回升到 50 多厘米，而吴末西晋初又降为 40 多厘米左右。因此，从整个情况来看，东汉末到六朝早期，基本上是 40 多厘米到 50 多厘米之间。看来这个数据在当时的生产水平来说是比较接近理想的，换句话说，用这种曲率半径生产的铜镜，其镜面曲度是当时用户比较满意的。

从齐家文化出现铜镜到汉魏六朝已有两千来年历史了，它由近似平面到找到一个当时比较满意的曲度，这不仅反映出铜镜制造工艺的进步，而且也是古代物理学、光学、数学发展进步的一种表现。

## 五、汉三国六朝铜镜的社会学观察

铜镜是古代社会广泛使用的日用生活器具，镜背的艺术装饰和铭文题材多样，内容丰富，作为观念形态的文艺作品都是一定的社会生活在人类头脑中反映的产物。它也是研究当时政治、经济、思想文化以及社会生活的重要资料。本文力图从社会生活的角度对汉三国六朝时期的铜镜进行观察和探讨，从一个方面揭示和剖析当时的社会状况。

### 1. 爱情、亲情是一个永恒的主题

爱情是人们生活中一项主要内容，因此也是艺术创作的一个永恒主题，这在西汉也不例外，青年男女，新婚夫妇，互相表白，信誓旦旦，柔情蜜意，记录在镜铭之中，他（她）们相互祝愿"长相思，毋相忘"，"长毋相忘"，"幸毋相忘"，"心思毋忘"，"相思愿毋绝"，"与天无极，与地相长"，等等，这是描述青年人恋情的一方面。还有另一方面，那就是妻子对服役远行的丈夫的思念。

汉初休养生息刚过，雄才大略的汉武帝连年用兵开边，北击匈奴，南平百越，大规模的徭役、兵役，无数青壮年男子应征入伍，大量男劳力被迫从役，运输军需，奔波劳累。他们生有伤疾之苦，死有暴骨之忧，怎不叫家人倍加思念呢？他们的妻子从内心里呼喊："君行卒，予志悲，久不见，侍前稀。""昔同起，予志悲，道

路远,侍前稀。""君有行,妾有尤(忧),行有日,反(返)毋期,愿君强饭多勉之,印(仰)天太息长相思。"可以想见:丈夫服役年复一年,归期无望,每当秋风乍起,落叶枯黄,家中的妻子担心衣裳单薄的丈夫怎样度过寒冬。但关山难越,无法照顾,只好祝愿在外的丈夫多吃饭以增强体质,今后好平安归来。这字字情,声声泪,难道不是对当时繁重的兵役和徭役的血泪控诉吗?

至于地主阶级,有钱有势,他们通过各种途经逃避徭役和兵役,根本不会有从役的愁苦,他们成天想的只是如何"钱金满堂","家大富",是如何"延年益寿去忧事,长乐万事宜酒食","子孙顺息家高炽",或者"心思美人",过荒淫的生活。

在这种社会里,有的抛妻别子,终身勤苦;有的儿孙绕膝,养尊处优;一劳一逸,差别昭然,怎么不引起被压迫剥削的劳动人民的无比愤慨呢?!怎么不引起社会矛盾的尖锐激化呢?!武帝晚年,农民起义此起彼伏,并非偶然。

## 2. 庄园经济是社会经济的基础

秦末农民战争埋葬了暴秦王朝,代之而起的西汉帝国统治者刘邦集团,吸取了历史的教训,实行了休养生息、无为而治的政策,残破的封建经济迅速地恢复和发展起来,出现了像"文景之治"那样繁盛的局面。随着经济的增长,被秦末农民大起义严重打击的地主阶级的经济实力也日益增强,对以土地为主的财富的追求,促使他们疯狂地兼并农民的土地,"强者规田以千数,弱者曾无立锥之居"的局面产生了。"在这里逐渐形成的统治阶级只能是一个大土地占有阶级",这个阶级产生于西汉,到东汉迅速发展起来,这与东汉政权本身就掌握和操纵在拥有庞大地产的豪强大族手里有密切联系。在东汉政权直接庇护和支持下,豪强大地主对土地的兼并更加剧烈,他们霸占大量土地后,建立起一种自给自足性质的田庄,形成一种庞大的庄园经济。这种庄园"资财千万","家财三亿",在庄园所有的山冈丘阜里"六畜番昌","牛养有千","千头羊",粮仓里"籴常有陈",集粮堆积如山,这正是那种"上家累钜亿之赀,户地侔封君之土","牛羊掩原隰,田池布千里"的具体写照。

这批富有的庄园主"日有熹,月有富",天天有喜庆,月月进财富,过着"居必安,无忧患"的怡然自得的日子,成天"乐无事,宜酒食",并且还有"美人会,琴瑟侍",故有"心地骥(欢)","常得意"的富家情态。

自秦朝中央实行"三公九卿制"以来,"三公"之职,秩禄万石,具有一人之下,万人之上的地位,在政治上和物质上都有极优厚的待遇,因此是地主阶级着力追求的目标。仅次于三公的九卿,是朝中掌实权的政务官,品秩为二千石,士大夫们也拼命谋求这些官位。他们希望"位至三公","官至三公",或者二者兼得"位至公卿","仕官高迁三公九卿","高迁三公九卿"。

为官作吏只能在任职内享受薪俸和特权,封王封侯则是封建社会最高褒奖,既可享受封户的租赋,又能世袭,而且还有很多政治经济特权,因此封建士大夫无不梦寐以求,希望实现"位列侯王","位至王公","宜侯王",并且做到"世世封传于毋穷"。

3. 社会矛盾在铜镜中的反映

西汉后期以来,政治腐败,尤其是王莽当政时期,对边疆少数民族的压迫一步步加深，虽然东汉前期这种政策有所改变，但进入后期又依然如故，变本加厉，迫使少数民族起而反抗，民族矛盾尖锐激化，著名的羌族人民大起义，从公元107年到公元163年，前后持续了五六十年，统治者遭到沉重的打击，耗资四百余亿，消耗了大量的人力和物力。为了镇压起义，统治者大量征兵，使大批男劳力离开了土地，严重破坏社会生产。加之东汉末年水、旱、虫灾连年不断，公元166年荆州一带"比岁不登，人多饥穷，又有水旱疾疫之困"，"司隶、豫州之饥，死十四五，至有灭户者"。饱经忧患，处于如此水深火热之中的贫苦百姓多么希望出现和平安定、丰衣足食的社会局面。镜铭"青盖作镜四夷服，多贺国家人民息，胡虏殄灭天下复，风雨时节五谷熟"，正是这种希望的写照。希望有一个四夷宾服，民族和睦，没有征战，负担减少的社会环境。贫苦农民得息肩于田亩，在风调雨顺的丰收时节尚可得以温饱，妻儿老小得以团聚，这是多么低微然而公正的愿望！

4.儒家思想弥漫铜镜

自汉武帝接受大经学家董仲舒的建议，实行"罢黜百家，独尊儒术"以后，至汉元帝时，经过董仲舒改造过的儒家思想成为社会的统治思想。朝廷加强和扩大儒学的教育，以培养更多具有高度儒学知识和修养的士大夫来充实各级官僚机构。铜镜铭文说，王莽掌握了汉室政权以后，便"新起辟雍建明堂"，"新兴辟雍建明堂……诸生万舍在北方"，这与《汉书·王莽传》载"（平帝元始四年，即公元4年，王莽）奏起明堂、辟雍、灵台，为学者筑舍万区"相符。这片新兴建筑包括最高学府太学和礼制性建筑太室、太庙，以及附属性建筑。进入太学学习的诸生的上万间的高级用房，反映了统治阶级对儒学人才的重视。

为了使人们随手可读到儒家经典，工匠们竟把儒家经典之一《诗经》的一首《卫风·硕人》第四章（部分）铸在镜上。

忠与孝是儒家两大道德法则，二者又是相辅相成的，"孝慈则忠"。所谓的忠，具体来讲就是忠君爱国。为此，工匠们从历史故事中择出典型事例加以颂扬，有具体铭文的"忠臣伍子胥"镜就是在这种背景下产生的。伍子胥，名员，原为楚国人，其父伍奢系楚平王太子太傅，以直谏被杀，伍子胥避难奔吴，佐吴公子光夺得王位，是为吴王阖闾，并辅吴伐楚，因功受封于申，故又称申胥，夫差（阖闾之子）时受任为大夫，参赞国事。后伍子胥因坚决反对与越国言和，更反对吴王纳越女西施、郑旦，忠言极谏，触怒夫差，落得个被赐剑自杀的下场。后吴终为越所灭。这个悲壮的故事早在民间流传，伍子胥的忠君爱国素来为人们称道。"忠臣伍子胥"画像镜以生动的画面再现了这个故事的最后情节：只见伍子胥面对吴王，怒目而视，正挥剑自刎，而吴王夫差端坐一旁，斜视着正在自杀的伍子胥而无动于衷。越女西施与郑旦在吴王身旁拱手而立。在镜的另一区则是越王勾践和他的大夫范蠡，得知伍子胥的自杀而高兴，显露着一副幸灾乐祸的样子。忠臣伍子胥镜既宣传了儒家思想，又给人以艺术的享受，让人们在欣赏艺术的同时受到忠君爱国的教育。

汉魏六朝的皇帝竭力标榜要以"孝"治天下，两汉皇帝除开国之君外，死后的谥号前面都要加一个"孝"字，如刘彻，谥曰"孝武皇帝"。在官吏选拔上专设有"察举孝廉"、"孝悌力田"等项，故士大夫们都把博取"孝"名当作向上爬的敲门砖,为此,他们什么都干得出来。对双亲,他们"生不极养,死乃崇丧",以达到"崇饬丧祀以言孝,盛餐宾旅以求名"的目的;同样,为了有个"孝子"的名声,他们什么甜言蜜语都说得出来,当时的镜铭忠实地记录了这些话,什么"长保二亲得天力","长保二亲乐无极","长保二亲具富昌","长保二亲宜侯王","长保二亲得酒食",以及"便固(即姑)章(公婆),利父母"等等。

儒家思想认为"不孝有三,无后为大",崇尚多子多孙,希望"子孙蕃昌",镜铭上常见"八子九孙","八子十二孙","九子九孙"和"五男四女","十男五女"的话语,就是儒家这种思想的具体写照。儒家这种多子多福的人生观既与我国古代那种生产力落后有密切联系,又与当时门阀士族、名门大族、衣冠望族把持政治、垄断仕途的现实密不可分。

### 5. 道教在铜镜装饰上的重要位置

在东汉,民间多信奉道教,但因道教刚产生,尚未有完整的理论,"其言以阴阳五行为家,多巫觋杂语"而比较容易为老百姓所接受。再加上东汉后期以来,社会黑暗,危机四伏,贫苦民众如处水火,极需要精神寄托,故道教深得群众信仰。

为了适应普通老百姓信奉的需要,东汉晚期到六朝的铜镜,特别是重列神兽镜,完全铸成了一幅道教的群神图,镜的背面上方是道教诸神的主宰和首领,"总执天道","制御万神"的皇天上帝,即镜铭中的"天皇"。镜的下面正中则是有朱凤侍卫,神龙翼轩的南极真人上皇赤帝,镜钮左右两侧分别为"制召万灵,统括真圣",

管辖天上天下三界十方女子登仙得道者的西王母,以及专管男仙名籍的东王公;四周是管理东南西北中五方和东南西北四海,号称五城真人的五帝。在神兽镜类里还常见一些身生毛羽,为"星天之司空,主神仙,上总九天高真,中监五岳灵山,下领学道之人"的真人。这种已得道成仙的真人,"八千万岁,乘珠玉云气之车,驾无极之马,乘六飞龙,佐上皇而治",逍遥极了。真人的行藏很得下界善男信女的仰慕,他们也多么希望"上大山,见神人,食玉英,饮澧泉,得天道,物自然,驾长龙,乘浮云",或"上华山,凤凰集,见神仙……长保久,寿万年",过着"不知老,渴饮玉泉饥食枣,徘徊神山采芝草","浮游云中邀四海"的神仙日子。

从镜铭看,老百姓信奉的道教神仙还有王子乔、赤松子、栢子高。据《淮南子·泰族训》载,"王乔、赤松去尘埃之间,离群慝之纷,吸阴阳之和,食天地之精,呼而出故,吸而入新,蹀虚轻举,乘云游雾"。而栢子高名为"上清真人……总学道之仙籍,主括三天之人神万仙……"在仙班中地位也很高。这三位都是凡人得道成仙的,故对梦想成仙的信士们具有很大的吸引力。

### 6.谶纬学说泛滥一时

用董仲舒改造了的、阴阳五行化了的儒家思想解释神灵怪异现象而形成的一套理论便是谶纬学说,这套极端愚妄的东西尽管荒唐透顶,但用来愚弄无知小民,巩固封建统治却具有极大的欺骗效应。因此,它在西汉末年迅速而广泛地泛滥开来。从王莽到刘秀,从三国到两晋南朝统治者的更替,无一不是利用谶纬之学,大造舆论,登上皇帝宝座的。刘秀建立东汉以后,宣布图谶于天下,公开肯定谶纬的合法地位。后经白虎观会议把这套东西更系统化、宗教化、神学化了,谶纬的经典《河洛七纬》取得了与正统儒家经典《七经》并列的地位。在《河洛七纬》中的孔子,完全被神化成为"通天教主"。

谶纬学说作为统治阶级的重要思想武器竭力为封建统治服务。谶纬迷信的鼓吹者通过曲解自然现象,编造谎言来炮制种种祥瑞的迹象,再用谶纬的观点进行解释,其结果,腐朽黑暗的统治被说成光明的世界。在这种背景下,青龙、白虎、朱雀、玄武(龟蛇)作为四神成了铜镜中常见的图案,玉马、凤鸟、比翼鸟也搬上了铜镜的画面。这是因为"青龙白虎顺阴阳,朱雀玄武除不祥","左龙右虎口天菁,朱爵(雀)玄武法列星",这样就能做到"上应列宿,下辟不祥"了。至于"白虎,王者不暴戾则白虎至","玉马,王者清尊贤者至","比翼鸟,王者德及高远则至",由此,昏暴贪残的皇帝成了道德高尚、礼贤下士的明君英主。这些瑞祥之兆显然是当时谶纬迷信的鼓吹者杜撰出来的鬼话,用以欺骗和麻痹劳动人民。统治阶级不择手段制造祥瑞来粉饰太平显然是徒劳的,它反而使人民从反面看清了当时社会黑暗的现实,正是"祥瑞"多如牛毛的东汉末年,张角兄弟以其人之道还治其人之身,利用谶语中有"黄天当兴"的预言,提出了"苍天已死,黄天当立,岁在甲子,天下大吉"的革命口号,发动了轰轰烈烈的黄巾起义,以革命的暴力瓦解了东汉王朝。

### 7. 商品经济品牌意识的社会体现

古代的中国虽然自给自足的自然经济占主导地位,但商品经济还是在缓慢地发展，商品生产、商品竞争的一些特征也在铜镜制作中得到充分反映。这从镜铭中大量商品性宣传可以看得出来。官营作坊动辄就是"尚方作镜真大好"，"尚方作镜真大巧"，"尚方作镜佳且好"，"尚方作镜大毋伤"，打的是"尚方"旗号。"尚方"是朝廷中央尚方令所属作坊产品的专有称号。由于这里是专为皇家生产御用之物，原料的充足和优质、设备的齐全、工匠手艺的高超、产品的精美良好等是其他地方无可以比拟的。至于民间则是标榜制镜匠人自己的姓氏来达到说明本品是名匠师所产的名牌货的目的。什么"许氏作镜自有纪"，"朱氏明镜快人意"，"至氏作镜真大巧"，"龙氏作镜大毋伤"等等。这类制镜师常见于镜铭的有20多人，估计都是当时民间有一定名气的匠人。当时会稽山阴（今绍兴）是一个制镜中心，出有许多著名的镜师，江浙多有他们的制镜出土。如三国时就有位制镜名师"会稽山阴作师鲍唐"，浙江出有他在黄初四年（223年）制的铜镜，湖北鄂州市，即古代武昌发现他在黄武六年（227年）制作的铜镜，镜中他们打的是"会稽山阴作师鲍唐"的名号，只不过声明现在"家在武昌"，他是在武昌制作的，从而保持他名牌产品的身价。

接着宣传他们制镜用的是上等铜料，当时丹阳郡（治今安徽宣城）所产铜质量很好，故铜镜上常见"汉有善铜出丹阳"，"汉有佳铜出丹阳"，表明此镜是用的丹阳铜。即使不好标其是丹阳铜，也要说明自己用的是"铜华"——铜之精华。铜镜是青铜合金制成，故铭文还说此镜是"金银铜锡以相成"，"和以银锡清且明"。实际上当时制镜绝不加金，或极少加银，这是"吹牛"，以此抬高镜价。

铭文中还叙述他们如何精工生产:"变巧名工,破山采锡,仗石索铜,丹火炉冶,幽谏三商"。三商者,铜锡铅或铜银锡也。或简述为"百炼青铜","百炼正铜"。

有的还要宣扬装饰图案:"周刻无极,配象万疆,伯牙作乐,众神见容,天禽并存";"周罗容象,五帝天皇,白牙弹琴,黄帝除凶,朱鸟玄武,白虎青龙","上有东王父、西王母,山(仙)人予前侍左右,辟邪喜怒毋央咎",以及"巧工刻之成文章",等精心刻铸的各种铭文。

为了使铜镜正面即照脸的那面反光效果更好,其上还要涂以水银,当时称为"玄锡",故镜铭称"和以玄锡清且明","焕玄锡之流泽"。

制镜者除一般地吹嘘他的铜镜"清且明","清而明","见日之光,天下大明","光辉象夫日月"等反光性能好之外,还特别强调买用他的铜镜有各种各样的好处,简直有万能的功效。你是在职小吏吗?那么,"吏人服之宜官秩","长吏买镜位至三公","服者君侯",真前途似锦,光明远大;你希望经济富裕,子孙兴旺发达吗?也可以,"买者大富且昌,长宜子孙,延寿命长";如你是个商人,那更大吉大利,因为"贾人服之金银足","贾人买竟(镜)百倍田,家大吉"。这一套商品心理学可谓使用到家了。由上述可见,为了商品竞争而进行各种宣传,以扩大销路,招徕顾客,并非始自近年,早在一两千年前我们祖先就使用得烂熟了。

# 中国铜镜的鼎盛阶段
## ——隋唐时期

公元581年隋文帝杨坚建立隋朝，公元589年灭掉南方的陈朝，结束了三百多年南北分裂的局面，建立了统一的大帝国，继之而起的唐朝，统一时间近三百年之久，在这空前统一的局面下，封建政治、经济、文化都达到了中国封建社会的鼎盛，开创了一个繁荣强盛的历史时代。在这种历史条件下，作为社会经济的重要组成部分手工业，达到了前所未有的高度，作为日用青铜业中的铜镜铸造业则进入了它自己的鼎盛阶段，它以自己新颖的造型、绚丽多彩的题材和精湛的铸造艺术，带来了中国铜镜史的新纪元。

## 一、隋唐铜镜的分期和特点

隋唐铜镜的发展，大致经历了三个大的阶段：隋到唐高宗时期，唐高宗到唐德宗时期，唐德宗到晚唐、五代。

（1）隋至唐高宗时期　这个时期从总的来讲，是个承上启下的时期。魏晋南北朝以来那种规范化、样板化、缺少创新和多样化的特点，在这时期的铜镜中还可以看到它的影响存在，画面上沿袭旧的传统因素不少，有如下表现：镜体成圆形，方形的很少，纹饰布局拘束谨严，都按区布置。图案中"博局配置"和钮外大方格、柿蒂纹和连珠纹钮座等很普遍；主题纹饰以灵异瑞兽为主；圈带铭文为善颂善祷的祯祥内容等，都是汉代以来铜镜中经常出现的传统因素。规范化的另一表现是各类铜镜的共性多。这个时期流行的四神十二生肖镜类、瑞兽镜类、宝相花铭带镜等，尽管主题纹饰不同，但镜形、布局、铭文、边饰，以及演变方面都有许多共同点。

但唐代毕竟不同于其他时代，这是一个创新的时代，那种由汉式拘谨板滞到自由写实，由繁乱纷杂转为清鲜优雅的历史性变化，正是从这个时期开始的，新的镜类和新的因素在此时陆续出现了，主题纹饰中的花鸟、植物纹饰不断增多。隋和初唐时期瑞兽镜盛行，以瑞兽为主题纹饰的这类铜镜，正是隋唐铜镜史上的重要镜类，它既继承了中国古代铜镜的传统，又在风格上有许多变化：铭文带消失，内外区出现忍冬、蔓草、葡萄纹样；瑞兽由静态趋向动态，造型更加丰富，构图也由规整、紧密变得活泼开放。其后瑞兽葡萄镜和瑞兽鸾鸟镜，就是在瑞兽镜影响下发展起来的，而瑞兽葡萄镜的外区飞禽，葡萄蔓枝相间旋绕的布局，孔雀鸾鸟图纹等已初步具有后来雀绕花枝镜的作风，揭开了唐代铜镜以花鸟为主题的序幕。

（2）唐高宗到唐德宗时期　这是唐式铜镜的新形式、新题材、新风格由确立到成熟的时期，也是中国铜镜富丽绚烂的鼎盛时期，它既有艺术美的魅力，又有与现实生活的和谐，这时期又可分为两个小的阶段：

第一阶段，唐高宗、武则天时期。这时流行的镜子是以瑞兽为主的瑞兽葡萄镜、瑞兽鸾鸟镜，以飞禽花枝为主的雀绕花枝镜，这二者又使瑞兽题材逐渐退居次要地位，花鸟镜出现并流行起来。

铜镜的形式也突破了圆形、方形的传统，适应主题纹饰的变化，出现了菱花形、葵花形等花式镜，内容与形式更完美地结合起来。

铜镜铭文特别是圈带铭文已经消失，使镜背有限的面积能更好地表现主题纹饰，不再受内外区界线的束缚，这是盛唐铜镜艺术奔放活泼的表现之一。

第二阶段，唐玄宗至唐德宗时期，主要流行对鸟镜、人物故事镜、瑞花镜、盘龙镜及特种工艺镜。在铜镜的装饰技法上继续着上一阶段的发展趋势，题材广泛、风格各异、色调鲜明、组织完美，禽鸟纹饰完全居于主要地位。隋、初唐以瑞兽为主的题材已经消失，四神十二生肖题材虽然还能见到，但整个形态和构图已发生了变化，植物纹饰摆脱了从属点缀的地位，瑞花、株花成为铜镜纹饰的主要题材之一。此时期另一重要特色是人物故事题材大量涌现。现实生活中所见所闻的那些自由活泼的禽鸟蜂蝶、雍容华贵的瑞花、体态俊美的飞仙在铜镜上组成了格调优雅、丰满而柔和的图案。唐镜最大的特点之一是艺术样式和艺术手法的多样化，在这一阶段得到充分的表现。

（3）唐德宗到晚唐五代　这是隋唐铜镜急剧衰退的时期，无论造型、纹饰、技法，都与前一时期迥然不同，主题纹饰除简单粗乱的植物纹样外，含有宗教意义的纹饰特别盛行，如以八卦为主纹，配以符箓、星象、干支等具有道教意味的纹样。在佛教中意为吉祥万德之所集的卍标志也广泛使用。布局或层层密密，一圈又一圈分割配置，或者十分单调乏味，无美可言。圈带铭文又多了起来。镜形除圆形外，还有亚方形、方形流行。表现手法也自成一体，或者细线浅雕，或者剔地成纹。作风或者粗拙，或者细弱，完全失去了盛唐铜镜富丽堂皇、千姿百态的风格。可以说，这个时期也是整个中国铜镜发展的转折时期，从此以后，铜镜艺术日趋衰落，纹饰、造型、技法都呈现出另一种艺术风格和时代特点。

## 二、扬州——隋唐铜镜的铸造中心

隋唐铜镜与汉魏六朝铜镜不仅风格、内容迥异，就是铸镜的中心也发生了根本的变化，绍兴、鄂城已失去了昔日铸镜的势头，迅速从铸镜地点的名单中消失了，代之而起的是并州和扬州，并州又远逊色于扬州，故文献无所记载。扬州自隋炀帝时期大运河开凿以后，成为全国水陆交通的枢纽，也是对外贸易的重要商埠，唐代有"扬一益二"之称。扬州的经济繁华和文化发达在唐诗中多有所见，如张祜的"十里长街市井连，明月桥上看神仙，人生只合扬州死，禅智山光好墓田"；王建的"夜市千灯照碧云，高楼红袖客纷纷，如今不是时平日，犹自笙歌彻霄闻"；徐疑云的"天下三分明月夜，二分无奈在扬州"等等。发达的工商业使扬州不仅是个消费城市，而且也是一个生产城市，为日常生活服务的制镜业的高度发展就是证明。这在文献中是不乏记载的。《洛阳记》曰：

　　隋炀帝喜奢侈，幸江都，王世充献铜镜屏，（炀）帝甚喜，擢（世充）江都（扬州）通守。

足见在隋朝扬州制镜已因其制作精美而成为上贡之品了。到了唐代，扬州更因其制镜的高超技艺，成了贡献铜镜最主要的地点。《新唐书·地理志》载：

　　扬州广陵郡（治今扬州市），大都督府……土贡金银、铜器、青铜镜。

《旧唐书·韦坚传》记载：天宝二年（公元743年），水陆转运使韦坚，搞了个货运船队，"其船皆署牌表之，若广陵郡船，即于栿背上堆积广陵所出锦、镜、铜器……"

在唐镜发展史上，玄宗李隆基的作用是值得一提的。他把他的生日八月初五定为千秋节，常在这一天赏赐百官铜镜，上行下效，上自百官，下至百姓，也常在这一天铸镜相赠，因此这一天又叫"千秋金鉴节"。玄宗本人还写了首《千秋节赐群臣镜》的诗：

　　铸得千秋镜，光生百炼金，分将赐群臣，遇象见清心。

所谓"千秋镜",据有关专家分析,即是盘龙镜,唐诗中有明确指出赏赐"龙镜"的,如席豫《奉和敕赐公主镜》:"令节领龙镜,仙辉下凡台。"

五月五日是传统的铸镜日子,这在汉镜镜铭中多有所见,诸如"五月五日丙午"之类的话语,在吴镜、晋镜中也不难发现。这个习惯一直沿袭到唐代,在这天,铸镜匠师特到扬子江(即长江)江中去铸造,铸好后拿去上贡。这种情况,大诗人白居易《新乐府·百炼镜》诗曰:

百炼镜,熔范非常规,日辰处所灵且只。江心波上舟中铸,五月五日日午时。琼粉金膏磨莹已,化为一片秋潭水。镜成将献蓬莱宫,扬州长吏手自封。……

又据《太平广记·异闻录》中记载:

唐天宝三载(公元744年)五月十五日,扬州进水心镜一面,纵横九寸,青莹耀日,背有盘龙,长三尺四寸五分,势如生动,元(玄)宗览异之。并设"进镜官"之职衔。

又据《朝野佥载》中所载:

中宗令扬州造方丈镜,铸铜为桂树,金花银叶,帝每骑马自照,人马并在镜中。

德宗贞元十四年（公元798年）六月，下诏罢"扬州每年贡瑞午日江心所铸镜"。（《旧唐书·德宗纪》）到穆宗长庆三年（公元823年）又重申停供"端午诞节常例进献"，这种端午诞节常例进献无疑会包括扬州镜在内，可见扬州一直是唐代贡镜的主要地区。

既然扬州铜镜作为贡镜，无疑受到皇帝和官吏的重视，因此，这不仅促使扬州镜的制作工艺日益提高，也使扬州镜广泛流传到各地。向天子进贡的所谓江心镜、百炼镜，其纹饰无疑是以龙纹为基本的、主要的纹饰，故唐代的盘龙镜也是广为流行的镜类。这样，各地发现的盘龙镜要么就是扬州制造，要么是在扬州铜镜影响下出现的。

向天子进贡毕竟不是扬州镜的唯一出路。可以说还有更多的扬州镜进入了交换市场，这使得扬州也成了铜镜贸易的重要场所。韦应物《感镜》诗曰："铸镜广陵市，菱花匣中发"。扬州镜行销外地，使诗人们得在外地吟咏它：张籍《白头吟》诗曰："扬州青铜作明镜，暗中持照不见影。"刘禹锡《和乐天以镜换酒》诗曰："把取菱花百炼镜，换他竹叶十旬杯。"

扬州铸镜业在隋唐制镜行业中处于领先地位，或者可以说领导了铸镜艺术的时代新潮流，各地的制镜匠师多以扬州镜为表率和学习模仿的样板，从而导致各地唐镜在装饰技法上的一致性。扬州制镜业把整个铸镜艺术推向了时代顶峰的历史性功绩是应永载中国铸镜业史册的。

## 三、隋唐铜镜的类型

隋唐铜镜内容非常丰富，计有十八类之多，分述于下：

### 1. 四神十二生肖镜类

四神即汉镜中常见的青龙、白虎、朱雀、玄武，十二生肖即传说中代表十二地支（或时辰）的12种动物：鼠（子）、牛（丑）、虎（寅）、兔（卯）、龙（辰）、蛇（巳）、马（午）、羊（未）、猴（申）、鸡（酉）、狗（戌）、猪（亥）。人们认为使用四神十二生肖图案可以辟邪，据《太平广记·王度》说隋阴阳侯生临终前赐王度古镜一面，"曰：'持此则百邪远人'，度受而宝之。"接下去是对此镜的描述，据描述，完全是一面带八卦的四神十二生肖镜。由此可见，人们选用这种题材是认为这种图案能驱邪呈祥。可分二型：

（1）十二生肖镜　圆形，连珠圈钮座，钮外为一小圈铭文，再外曲折盘绕的变形忍冬纹。主纹十二生肖置于分成十二梯形格的一周框带上，故每个生肖隔成单独的、互不连贯的画面，素缘（图251）。

（2）四神十二生肖镜　圆形，圆钮，连珠纹钮座，亦有为柿蒂纹或花瓣纹钮座，座外为四神，再外为十二生肖（图252）。

### 2. 四神镜类

可分三型：

（1）铭文带简单四神镜　主纹仅为四神，并置于四个椭圆括弧内，别无其他副纹，外有铭文一周（图253）。

图 251　十二生肖镜
直径 16 厘米

图 252　四神十二生肖镜
直径 16.9 厘米

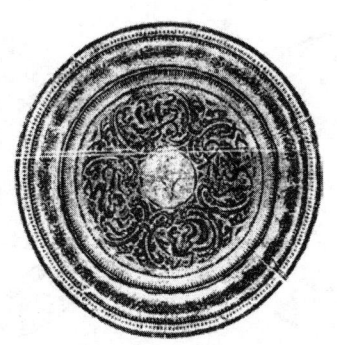

图 253　铭文带简单四神镜
直径 16.6 厘米

（2）方格四神镜　圆钮，圆座，座外为一大方格，外圈对四角处置一 V，四神分置于方格的每边外，可分三式：

Ⅰ式　铭文带方格四神镜　圆钮，主纹四神在大方格的每一边之外，并用 V 隔开，外有铭文一周（图 254）。

Ⅱ式　画纹带方格四神镜　主纹四神作浮雕状，主纹外为二重斜立辐射纹和一周铭文，再外为一周画纹带（图 255）。

图254-1 铭文带方格四神镜
直径14厘米

图254-2 铭文带方格四神镜

图255 画纹带方格四神镜
直径24.6厘米

图256 生肖带方格四神镜
直径22厘米

Ⅲ式 生肖带方格四神镜 主纹四神外为二周斜立辐射纹,近边处有一周由十二生肖组成的纹带(图256)。

(3)八卦四神镜 圆角方形,主纹四神,八卦纹分布在钮的四周及镜之四角(图257)。

3. 瑞兽镜类

此类主纹虽为瑞兽,但确指什么兽就很困难了。就整个画面来看，可分内外二区，内区为主纹瑞兽，外区为其他纹饰，可分四型：

（1）二兽镜　圆形，圆钮　二瑞兽于钮上下反向排列，边饰铭文带（图258）。

（2）四兽镜　主纹四瑞兽，可分三式：

Ⅰ式　铭文带四兽镜　有方形或圆形，只是大方格内（方形）外（圆形）所饰的图案为四兽，其外还有铭文一周（图259）。

图257　八卦四神镜
边长20厘米

图258　二兽镜
直径18.6厘米

图259–1　铭文带四兽镜
边长14.7厘米

图259–2　铭文带四兽镜

Ⅱ式 生肖带四兽镜 圆形，钮外内区直接为四兽及双圈内填斜线纹一周，外区为分格式十二生肖带（图260）。

Ⅲ式 生肖带方格四兽镜 圆形，主纹内区同Ⅰ式，外区饰生肖带一周（图261）。

(3) 生肖带五兽镜 圆形钮，圆圈钮座，座外五瑞兽环绕排列，外区为十二生肖，再外为简单的辐射线和虚点纹（图262）。

(4) 六兽镜 圆形，圆钮外为一六边菱格，每角出一线将画面

图260 生肖带四兽镜
直径12.8厘米

图261-1 生肖带方格四兽镜
直径18.7厘米

图261-2 生肖带方格四兽镜

图 262　生肖带五兽镜　　　　图 263　生肖带六兽镜
　　　　　　　　　　　　　　　直径 20.4 厘米

隔成六格，每隔置一瑞兽，依其外区图案可分三式。

　　Ⅰ式　生肖带六兽镜　文纹六兽外为双重辐射线，再外有铭文一周，近缘处饰十二生肖带，生肖之间用不同图案相隔（图 263）。

　　Ⅱ式　铭文带六兽镜　此式主纹外为一铭文带，再外为辐射线一周，最外为素缘（图 264）。

　　Ⅲ式　画纹带二神六兽镜　此式钮外为一八角形图案，每角伸

图 264–1　铭文带六兽镜　　　　图 264–2　铭文带六兽镜
　　　　　　　　　　　　　　　直径 18.6 厘米

图 264–3　铭文带六兽镜　　　　　图 265　画纹带二神六兽镜
　　　直径 20.4 厘米

出一双线纹将内区分为八格，格内饰二神六兽为主纹，主纹外虽有一周铭文但再外还围有宽宽的画纹带为副纹，边缘还有窄窄一周纹带（图 265）。

### 4. 瑞兽葡萄镜类

此类镜叫法颇乱，如人们长期依《博古图录》称为海马葡萄镜，《西清古鉴》称为海兽葡萄镜，其他还有禽兽葡萄镜、鸾兽葡萄镜等称呼。现名瑞兽葡萄镜。此类镜的特点是瑞兽为高浮雕，偏外近中处有一高竖的圈档将镜背分为内外两区，边缘亦高竖缘，给人以厚重的感觉。可分四型：

（1）蔓枝葡萄镜　圆形，圆钮，圆钮座，主纹为带蔓枝的葡萄纹。主纹的布局有三种样式：或仅在内区；或以钮座为中心饰成一周辐射状蔓枝花叶纹；或整个画面皆是蔓枝葡萄纹（图 266）。

（2）瑞兽葡萄镜　主纹为瑞兽和葡萄纹。主纹的布局亦有两种形式：一种内区为四五只相逐的瑞兽，兽间出现蔓枝葡萄的叶和果

图 266–1　蔓枝葡萄镜　　　　　图 266–2　蔓枝葡萄镜
　　　直径 12.1 厘米　　　　　　　　　直径 9.4 厘米

实,外区为飞禽葡萄蔓枝叶实;另一种画面虽被隔为内外二区,内区的蔓枝葡萄却沿高圈档伸入外区,外区虽以葡萄蔓枝为主,但还间以飞禽走兽、蜂蝶之类,边缘装饰也很丰富。可分六式:

Ⅰ式　四瑞兽葡萄镜　圆形或方形,伏螭钮,内区主纹为四瑞兽,外区为蔓枝葡萄纹(图 267)。

Ⅱ式　五瑞兽葡萄镜　圆形,伏螭钮,内区主纹为五瑞兽,外区为蔓枝葡萄纹(图 268)。

Ⅲ式　六瑞兽葡萄镜　有圆形,也有方形,内区主纹为六瑞兽,外区为葡萄纹(图 269)。

Ⅳ式　八瑞兽葡萄镜　圆形,伏螭钮,内区为八瑞兽,外区为葡萄及飞禽走兽(图 270)。

Ⅴ式　双龙葡萄镜　圆形,伏螭钮,内区主纹为双龙对峙,外区为瑞鸟葡萄纹(图 271)。

Ⅵ式　瑞兽葡萄叶镜　圆形,圆钮,内区主纹为四瑞兽,外区

图 267–1　四瑞兽葡萄镜
直径 13.1 厘米

图 267–2　四瑞兽葡萄镜
直径 15 厘米

图 267–3　四瑞兽葡萄镜
边长 9.3 厘米

图 268　五瑞兽葡萄镜

葡萄叶（图 272）。

（3）瑞兽鸾鸟葡萄镜　圆形，兽钮，基本同（2）型中第二种形式，只在内区瑞兽葡萄纹间增加了鸾凤、孔雀等纹饰（图 273）。

（4）瑞兽孔雀葡萄镜　圆形，圆钮，内区主纹为瑞兽、孔雀，外区为瑞鸟葡萄纹（图 274）。

5. 瑞兽瑞鸟镜类

有圆形、菱花形、葵花形几种，主题纹饰由双兽双鸾组成，可

图 269-1 六瑞兽葡萄镜
直径 20.6 厘米

图 269-2 六瑞兽葡萄镜
直径 16.8 厘米

图 269-3 六瑞兽葡萄镜
边长 17.1 厘米

图 270 八瑞兽葡萄镜
直径 23.9 厘米

图 271 双龙葡萄镜

图 272 瑞兽葡萄叶镜
直径 10 厘米

图 273-1 瑞兽鸾鸟葡萄镜

图 273-2 瑞兽鸾鸟葡萄镜

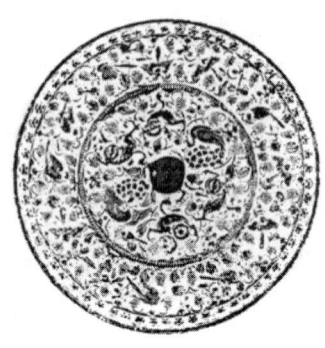
图 274-1 瑞兽孔雀葡萄镜
直径 20 厘米

图 274-2 瑞兽孔雀葡萄镜

分七型：

（1）鸾鸟镜 此型镜主纹主题是鸾鸟，可分七式：

Ⅰ式 双鸾镜 圆形或亚方形，一对鸾鸟，上下（或左右）回环飞翔，有的加饰流云纹（图 275）。

Ⅱ式 双鸾衔绶镜 葵花形，圆钮，主纹仅为上下反向的两只口衔绶带的鸾鸟，其他亦无纹饰（图 276-1）。图 276-2，菱花形：主纹双鸾作站立对峙共衔打同心结的绶带，上有云山，边饰飞蝶流

图 275–1 双鸾镜
直径 23.2 厘米

图 275–2 双鸾镜
直径 16.9 厘米

图 276–1 双鸾衔绶镜
直径 21.4 厘米

图 276–2 双鸾衔绶镜
直径 14.7 厘米

云纹。

Ⅲ式 双鸾花枝镜 葵花形或圆形，双鸾对峙上下各有花枝（图 277）。

Ⅳ式 双鸾荷花镜 葵花形，双鸾对峙作系授状，上下有荷花或下面置荷花（图 278）。

Ⅴ式 双鸾花叶方胜镜 葵花形，双鸾对峙，上下作花叶方胜，边纹亦为雀与方胜相间（图 279）。

图 277-1　双鸾花枝镜
直径 13.5 厘米

图 277-2　双鸾花枝镜

图 278-1　双鸾荷花镜
直径 19.8 厘米

图 278-2　双鸾荷花镜
直径 13.5 厘米

Ⅵ式　四鸾宝相花镜　菱花形，主纹四鸾与四宝相花相间（图 280）。

Ⅶ式　四鸾绕花枝镜　菱花形，主纹四鸾与四花枝作环绕排列（图 281）。

（2）双鸾鹊鸟镜

Ⅰ式　双鸾三鹊镜　葵花形，主纹双鸾对峙，上下各有花枝，

图279 双鸾花叶方胜镜
直径22.9厘米

图280 四鸾宝相花镜
直径21.3厘米

图281-1 四鸾绕花枝镜
直径13.5厘米

图281-2 四鸾绕花枝镜
直径20.5厘米

上立两鹊,下立一鹊(图282)。

Ⅱ式 双鸾双鹊镜 葵花形,主纹双鸾对峙,上下各有鹊衔花枝同向飞翔(图283)。

Ⅲ式 双鸾双鹊花枝镜 圆形,主纹双鸾双鹊与四花枝相间,作环绕式排列(图284)。

Ⅳ式 双鸾花鹊镜 葵花形,主纹双鸾对峙,上为喜鹊衔绶,

图282 双鸾三鹊镜
直径16.7厘米

图283 双鸾双鹊镜
直径17.8厘米

下为花枝或一只喜鹊立花枝上（图285）。

Ⅴ式 双鸾鸳鸯荷花镜 葵花形，主纹双鸾对峙，上下各有荷花，下支荷花上立一鸳鸯（图286）。

Ⅵ式 双鸾双鹊鸳鸯镜 葵花形，主纹仍作双鸾对峙，上作鸳鸯衔绶带，下为双鹊踏花枝（图287）。

（3）鸾鸟瑞兽镜 此型主纹或作鸾兽绕钮，或为双鸾对峙，上

图284 双鸾双鹊花枝镜
直径15.9厘米

图285-1 双鸾花鹊镜

图285-2 双鸾花鹊镜
直径13.7厘米

图285-3 双鸾花鹊镜
直径12.6厘米

下各置瑞兽。可分六式：

Ⅰ式 双鸾双狮镜 菱花形，此式主纹双鸾与双狮，由四花枝相间，作环绕式排列（图288）。

Ⅱ式 双鸾双龙镜 葵花形，主纹双鸾与双龙作相间环绕排列（图289）。

Ⅲ式 双鸾双麟镜 葵花形，主纹双鸾对峙，作衔绶状，上下

图286 双鸾鸳鸯荷花镜

图287 双鸾双鹊鸳鸯镜
直径20.5厘米

各一麒麟同向飞驰（图290）。

Ⅳ式 双鸾单兽镜 葵花形，主纹双鸾对峙，中间上为云纹，下为一只作奔跑状瑞兽（图291）。

Ⅴ式 双鸾双兽绕花枝镜 菱花形，主纹双鸾双兽与花枝相间排列，以钮为中心作环绕状（图292）。

Ⅵ式 双鸾瑞兽花鸟镜 葵花形，主纹双鸾对峙，中间上为瑞

图288 双鸾双狮镜
直径23.6厘米

图289 双鸾双龙镜
直径15.6厘米

图290-1 双鸾双麟镜
直径16.6厘米

图290-2 双鸾双麟镜

兽花枝，下为一雀鸟花枝（图293）。

(4) 瑞鹊镜　可分八式：

Ⅰ式　双鹊月宫盘龙镜　葵花形，双鹊衔绶作对飞状，中间上为月宫，下为云龙出水（图294）。

Ⅱ式　双鹊瑞兽镜　菱花形，双鹊双兽与四花枝相间作环绕状（图295）。

图291　双鸾单兽镜
直径17.3厘米

图292　双鸾双兽绕花枝镜
直径12厘米

图293-1　双鸾瑞兽花鸟镜
直径22.5厘米

图293-2　双鸾瑞兽花鸟镜

图294–1 双鹊月宫盘龙镜
直径20厘米

图294–2 双鹊月宫盘龙镜
直径11.8厘米

图295–1 双鹊瑞兽镜

图295–2 双鹊瑞兽镜
直径11.8厘米

Ⅲ式 双鹊鸳鸯镜 葵花形、菱花形皆有，主纹双鹊鸳鸯，有的有云彩、花枝等图，有的没有（图296）。

Ⅳ式 双鹊鸳鸯花枝镜 葵花形或菱花形，主纹作双鹊鸳鸯绕花枝状（图297）。

Ⅴ式 双鹊鸳鸯荷花镜 葵花形，双鹊对峙，鸳鸯居中上下排列各踩荷花（图298）。

图 296-1　双鹊鸳鸯镜
直径 16.5 厘米

图 296-2　双鹊鸳鸯镜
直径 11.4 厘米

图 296-3　双鹊鸳鸯镜
直径 13.7 厘米

图 297-1　双鹊鸳鸯花枝镜
直径 15.3 厘米

图 297-2　双鹊鸳鸯花枝镜
直径 10.4 厘米

图 297-3　双鹊鸳鸯花枝镜
直径 14.5 厘米

Ⅵ式　双鹊衔绶镜　葵花形，双鹊各衔相互打结的绶带一端，下为荷花（图299）。

Ⅶ式　三鹊穿花镜　菱花形或葵花形，主纹为三鹊与三花相间（图300）。

Ⅷ式　四鹊衔绶镜　葵花形，主纹四鹊衔绶，有的四鹊中只二鹊衔绶另两只立于花枝上；四鹊衔绶者皆作环绕飞行状，有的中间置以花枝（图301）。

图298　双鹊鸳鸯荷花镜

图299　双鹊衔绶镜
直径13.9厘米

图300-1　三鹊穿花镜
直径6.3厘米

图300-2　三鹊穿花镜

(5) 鸳鸯镜 主纹双鸳鸯，可分四式：

Ⅰ式 鸳鸯双龙镜 葵花形，鸳鸯左右对峙，双龙上下同向排列，作飞奔状（图302）。

Ⅱ式 鸳鸯瑞兽镜 葵花形、菱花形皆有，或作鸳鸯与瑞兽环状相间排列，或鸳鸯上下站立于荷花之上，瑞兽两只作反向奔驰（图303）。

Ⅲ式 鸳鸯舞马荷花镜 葵花形，两舞马对峙，脚踏荷花，占

图301-1 四鹊衔绶镜

图301-2 四鹊衔绶镜

图301-3 四鹊衔绶镜
直径11.4厘米

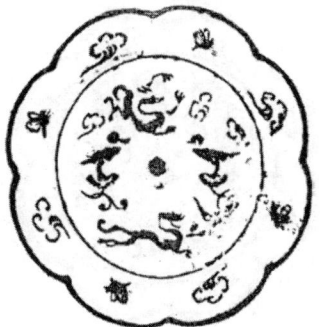

图302 鸳鸯双龙镜
直径13.7厘米

据主要位置，鸳鸯作飞翔状在上方偏左的位置，下为多枝荷花（图304）。

Ⅳ式　鸳鸯绕花枝镜　菱花形，主纹两对鸳鸯各立于花枝上，四花枝置于鸳鸯之间（图305）。

（6）孔雀镜　主纹为一对孔雀，可分二式：

Ⅰ式　双孔雀镜　圆形或委角方形，一对孔雀上下或左右反向飞翔，除此无其他纹饰（图306）。

图303–1　鸳鸯瑞兽镜

图303–2　鸳鸯瑞兽镜
直径17.3厘米

图303–3　鸳鸯瑞兽镜

图304　鸳鸯舞马荷花镜
直径23.6厘米

图305 鸳鸯绕花枝镜
直径16.8厘米

图306-1 双孔雀镜
直径23.3厘米

图306-2 双孔雀镜
直径9厘米

Ⅱ式 荷花孔雀镜 葵花形,一对孔雀作左右对峙状,中间上下各有一支荷花(图307)。

(7)雀绕花枝镜 镜体有圆形和葵花形。可分二式:

Ⅰ式 环带形雀绕花枝镜 圆钮,内区纹饰布局系四禽鸟同向排列绕钮,其间配以花枝,外区禽鸟与花枝相间,禽鸟有鸳鸯、鹊、凫雁等,菱花瓣内配以蜂蝶与花枝相向的图案(图308)。

图 307　荷花孔雀镜
直径 23.3 厘米

图 308–1　雀绕花枝镜
直径 9.3 厘米

图 308–2　雀绕花枝镜
直径 10.4 厘米

　　Ⅱ式　四雀（鹊）绕四花枝镜　主纹简洁，四花枝，外绕以四雀（鹊）（图 309）。

　　**6. 花枝镜类**

　　此类以花枝为主要纹饰，可分为：

　　（1）二花枝镜　葵花形，弦钮，主纹为二支盛开鲜花的花枝，外饰一周连点纹（图 310）。

　　（2）三花枝镜　葵花形或菱花形，圆钮，主纹为三支盛开牡丹

图 309-1　四雀绕四花枝镜　　　图 309-2　四雀绕四花枝镜
　　　　　　　　　　　　　　　　　　直径 18 厘米

图 310　二花枝镜
直径 13.4 厘米

或其他花朵的花枝，再外为八宽带连弧或菱花（图 311）。

（3）四花枝镜　此型主纹为四花枝，可分二式：

Ⅰ式　四花镜　圆形，圆钮，花瓣形钮座，主纹为四朵花，在左右各有一叶（图 312）。

Ⅱ式　四花枝镜　圆形或葵花形，主纹为四花枝（图 313）。

（4）六花枝镜　此型主纹为六花枝，可分二式：

Ⅰ式　六花枝镜　此镜主纹为六花枝，但其中分为二种花枝，

图311-1　三花枝镜
直径11.8厘米

图311-2　三花枝镜

图312-1　四花镜

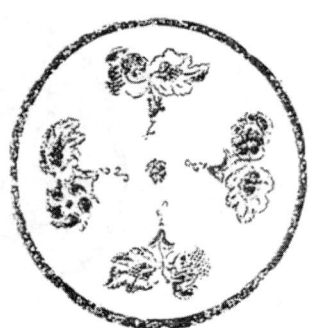

图312-2　四花镜
直径18.6厘米

图313-1　四花枝镜
直径13.3厘米

图313-2　四花枝镜
直径21.5厘米

相间排列，在钮侧或缘边上或饰以鸟、蝶之类（图314）。

Ⅱ式　云蝶六花枝镜　此式主纹为六花枝外，亦有小鸟蝴蝶杂在其间，外区尚有一周云蝶纹（图315）。

(5) 八花枝镜　葵花形，主纹八花枝，其形状分两种，相间排列，内尚有一周花草纹（图316）。

(6) 缠枝莲花镜　葵花形，圆钮，莲花座，主纹为四枝莲花（图317）。

图314–1　六花枝镜
直径19.4厘米

图314–2　六花枝镜
直径15.2厘米

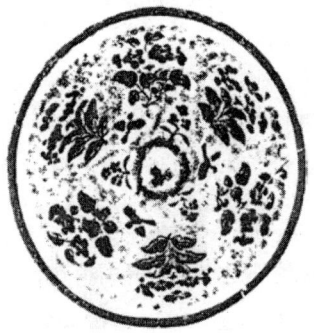

图314–3　六花枝镜

图315　云蝶六花枝镜
直径25.8厘米

图 316-1　八花枝镜
直径 18.8 厘米

图 316-2　八花枝镜
直径 22 厘米

图 317　缠枝莲花镜
直径 22 厘米

图 318　四蝶镜
直径 20.1 厘米

（7）花蝶镜

Ⅰ式　四蝶镜　亚方形，四只展翅的蝴蝶各据一角（图318）。

Ⅱ式　花蝶镜　方形镜中心为一菊花，其外四角各有一蝶，故又可称之为蝶恋花镜（图319）。

Ⅲ式　花叶镜　方形圆形皆有，在镜钮之南为盛开的荷花，其他三方皆饰花叶（图320-1），另一件，圆形者一荷花在镜中独放，花下为一张荷叶（图320-2）。

### 7. 宝相花镜类

所谓宝相花，一般指的是"将某些自然形态的花朵（主要是莲花）进行艺术处理，变成一朵装饰性的花朵纹样"。(《辞海》)在唐代各种装饰艺术中，宝相花是最经常使用的。可分二型：

(1) 散点式宝相花　此型每朵宝相花呈散点式分布，互无关连，可分三式：

Ⅰ式　五点式宝相花镜　菱花形，主纹为同形五花，外区为花

图 319　花蝶镜
边长 9.5 厘米

图 320-1　花叶镜
边长 11.5 厘米

图 320-2　花叶镜
直径 21.4 厘米

蝶纹（图321）。

Ⅱ式　六点式宝相花镜　菱花形，主纹六花分两种相间分布，钮座亦呈一朵花（图322）。

Ⅲ式　八点式宝相花镜　菱花形，主纹为同形八花，中心为放射式宝相花，这类宝相花图案化较强（图323）。

（2）放射式宝相花　此型宝相花围绕钮座向外作放射式，花朵

图321　五点式宝相花镜
直径10.3厘米

图322-1　六点式宝相花镜
直径10.3厘米

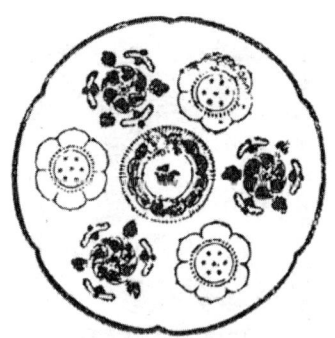

图322-2　六点式宝相花镜
直径13.7厘米

间互相连结,实际上每朵花呈侧面状可分三式:

Ⅰ式　放射式八宝相花镜　此式宝相花为互相连续的八花,有的八花分两种,相间排列,有的皆为圆形(图324)。

Ⅱ式　放射式四鸟四宝相花镜　菱花形,四简单宝相花与四立鸟相间排列,外区有花蝶相间的图案(图325)。

Ⅲ式　放射式简易八宝相花镜　方形,主纹系钮座周围八朵小

图323　八点式宝相花镜

图324-1　放射式八宝相花镜

图324-2　放射式八宝相花镜
直径12.1厘米

图325　放射式四鸟四宝相花镜

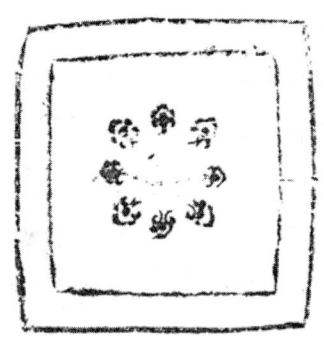

图326 放射式简易八宝相花镜
边长 9.2 厘米

而简单的宝相花（图326）。

8. 团花镜

（1）六簇团花镜　此镜主纹为六簇雪花式团花，花间上下有小卷叶纹，其外为一周铭文（图327）。

（2）六禽兽团花镜　此镜团花者非花而为六神禽瑞兽，形成六团，其外为一周铭文，边有勾连云纹（图328）。

图327 六簇团花镜
直径 17.6 厘米

图328 六禽兽团花镜

### 9. 神仙人物故事镜类

此类镜的主题纹饰取材于神话传说、民间故事、历史轶闻及社会生活等多方面的内容，画面生动，有较浓的故事情趣。可分十一型：

(1) 嫦娥奔月镜　菱花形、圆形皆有，镜背为月宫，正中为桂树一株，右为捣药玉兔、跳跃蟾蜍，左为披帛舒卷腾云奔来的嫦娥，菱花瓣内为浮云纹。这是取材于嫦娥奔月的神话传说，《淮南子·览冥篇》载曰："羿请不死之药于西王母，姮娥窃以奔月。"《初学记》接着说嫦娥"托身于月，是为蟾蜍，而为月精"。然而人们心中的嫦娥是美好的化身，绝不会是难看的癞蛤蟆，故在铸镜上仍是嫦娥是嫦娥，蟾蜍归蟾蜍。可分二式：

Ⅰ式　圆形嫦娥奔月镜　此式图案仅有主纹月宫及奔来的嫦娥，别无其他纹饰（图329）。

Ⅱ式　菱花形嫦娥奔月镜　此式主纹同Ⅰ式，但外区另有副纹或云气，或花草纹（图330）。其中图330-2主纹图案略有变化，

图329-1　圆形嫦娥奔月镜

图329-2　圆形嫦娥奔月镜
直径13.9厘米

图 330–1 菱花形嫦娥奔月镜　　　　图 330–2 菱花形嫦娥奔月镜
　　　　　　　　　　　　　　　　　　　　直径 19.7 厘米

中间的桂树缩小放于东北角，嫦娥侧从西北角飞入，蟾蜍处西南，中为大龟或钮。

（2）仙骑镜　有菱花形、葵花形以及方形三种，主题纹饰为四仙人跨鹤骑兽，同向绕钮，腾空飞翔；也有二仙骑兽，间以祥云仙山。可分为二式：

Ⅰ式　二仙骑镜　菱花形，主纹二仙骑兽，各在钮的上下方同向追逐，中有二山相隔（图 331）。

Ⅱ式　四仙骑镜　菱花形，也有葵花形，四仙乘着神禽异兽，在空中同向奔驰，外区有云气、花草（图 332）。

（3）飞仙镜　此型，主纹是仙人在空中飞奔的图像，可分二式：

Ⅰ式　二飞仙镜　葵花形，主纹配置是以镜钮为中心，下有仙山古树，上亦云山飘渺，左右为相同的飞仙二个，头戴宝冠，披帛，衣带随风飘舞，两仙各有一只手前伸，共托一物（图 333）。

Ⅱ式　十二生肖四飞仙镜　葵花形或圆形，主纹的基本布局是中间有个双线方框，框内置十二生肖，方框之四边外各有一飞仙

图 331　二仙骑镜
直径 12.6 厘米

图 332-1　四仙骑镜

图 332-2　四仙骑镜
直径 12.2 厘米

图 332-3　四仙骑镜
直径 11.9 厘米

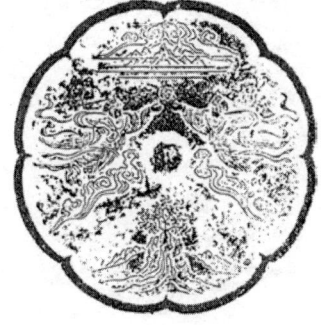

图 333　二飞仙镜
直径 25.2 厘米

(图334)。

另一件此式镜,但镜形特殊暂称为方形菱花镜四飞仙各据一角,十二生肖布于钮外(图335)。

(4)真子飞霜镜 有圆形、葵花形、方形、亚方形四种。在镜背画面布局中,下为莲池假山,池中长出一荷叶,作为钮座,中为龟钮,座的左面为一立祥云之上的鸾鸟,右侧为一端座操琴之人,人后衬以树丛,人前置一平几。叶座之上或为飞翔的仙鹤(图

图334-1 十二生肖四飞天镜

图334-2 十二生肖四飞天镜
直径17.2厘米

图335 十二生肖四飞仙镜
边长19.3—19.5厘米

336-1）或为一"田"字形格，格内竖排铭文"真子飞霜"四个字，再上为云山托日（月）（图336-2），故此型镜名"真子飞霜镜"。关于"真子飞霜"的真正含义，虽有多种解释，但皆难以成立，或许是当时一民间故事（图336）。

（5）三乐镜　圆形或葵花形，圆钮，钮侧一人头戴冠，左手前指，右手持杖，另一侧一人戴冠着裘，左手持琴。镜正中上方有三竖格，内有铭文"荣启奇问曰答孔夫子"九字，钮下一树，素缘。

图336-1　真子飞霜镜
直径16厘米

图336-2　真子飞霜镜
直径18.5厘米

图336-3　真子飞霜镜

图336-4　真子飞霜镜
直径17厘米

图336–5 真子飞霜镜
直径17厘米

图336–6 真子飞霜镜
直径17.5厘米

从铭文可知,其图案取材于《列子·天瑞》,该篇曰:"孔子游于泰山,见荣期启行乎郕之野,鹿裘带索鼓琴而歌。孔子问曰:'先生所以何乐也?'对曰:'吾乐甚多,天生万物,唯人为贵,吾得为人,是一乐也;男女之别,男尊女卑,故以男为贵,吾既得为男矣,是二乐也;人生有不见日月,不免襁褓者,吾既以行年九十矣,是三乐也。'"从这段描述来看,镜纹饰中持杖者应为孔子,持琴者为荣启期,钮下一树象征郕之野(图337)。

(6)王子乔吹笙引凤镜　周王子姬乔,喜吹笙作凤鸣,引得凤凰飞来。此镜主纹即描会此事,依所在环境,可分二式:

Ⅰ式　王子乔山间吹笙引凤镜　此式镜王子乔于山崖水畔间吹笙,引凤起舞,无明显镜缘(图338)。

Ⅱ式　王子乔旷野吹笙引凤镜　主纹是王子乔在旷野吹笙,引凤凰起舞,一树一山上下排列(图339)。

(7)狩猎纹镜　有菱花形、圆形、葵花形诸种形制,圆钮。主

图377–1　三乐镜
直径12厘米

图377–2　三乐镜
直径18.5厘米

图338　王子乔山间吹笙引凤镜
直径14厘米

图339　王子乔旷野吹笙引凤镜
直径12.9厘米

题纹饰为郊野骑马射猎：猎手驰马同向环绕，有的驰马挽弓，有的挺枪追击，有的绕绳套索。骑士之中有惊窜的鹿、熊、兔、野猪等兽，图案的空间饰花枝、蜂蝶、翔雀、流云等。

  Ⅰ式　二骑狩猎纹镜　葵花形，主纹二骑士从事狩猎（图340）。

  Ⅱ式　三骑狩猎纹镜　圆形，主纹三骑士从事狩猎（图341）。

  Ⅲ式　四骑狩猎纹镜　菱花形，主纹四骑环钮同向从事狩猎

(图 342)。

（8）打马球镜　菱花形，圆钮。主题纹饰为骑马打球，四名骑士骑在马上，分别作出不同的形态，有的高举鞠杖，作抢球状，有的俯身向前，鞠杖向下，作击球状，骏马驰骋，四蹄腾空。四马之间，饰以花枝。生动活泼的画面再现了打马球的紧张激烈的场面(图 343)。

（9）乐师弄狮镜　菱花形，主纹为钮左右两乐师骑狮，中间上

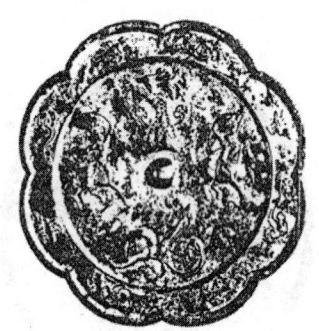

图340　二骑狩猎纹镜
直径23厘米

图341　三骑狩猎纹镜
直径15厘米

图342-1　四骑狩猎纹镜

图342-2　四骑狩猎纹镜
直径19.7厘米

图 343 打马球镜
直径 19.5 厘米

图 344 乐师弄狮镜
直径 30 厘米

下为荷花（图 344）。

（10）弈棋镜 圆形，圆钮，莲花座主纹系野外山间，钮南为二人对弈二人观弈，另外钮左方有三人，右方有二人，一副休闲的态势（图 345）。

（11）五岳镜 即描绘东岳泰山、南岳衡山、西岳华山、北岳恒山、中岳嵩山五大名山，其排列为大十字状交叉处为中岳，其

图 345 奕棋镜

中：圆形五岳镜，以钮为中岳，钮外为一大圆座，钮座伸出四个山峰为四岳（图346-1）；方形五岳镜以中岳最突出，然后向四角伸出山峰为四岳，素缘（图346-2）。

图346-1　圆形五岳镜
直径26厘米

图346-2　方形五岳镜

此类镜除上述十一型之外还有醉佛麻击柏弄狮子镜、骑士玩波罗球镜、黑昆仑舞镜、太子玩莲镜、伯牙弹琴镜、王质观弈镜等型，限于篇幅，就不再一一叙述了。

### 10. 龙纹镜

主要为葵花形，也有菱花形和方形，主纹为一龙盘于钮的周围，作昂扬腾飞之状，故称盘龙镜，其外并有云纹作衬，故又称"云龙镜"，少数盘龙镜铭上有"千秋"二字，故当时就有称之为"千秋镜"的。如前所述，此类镜为皇家所铸，或在皇家铸镜的影响下所铸的。可分五型：

（1）竖身盘龙镜　此型整个龙身呈倒立式，龙头在下而昂首，龙尾在上而绕脚，四围有流云纹，可分二式：

Ⅰ式 竖身盘龙镜 葵花形,此式除主纹盘龙外并无外区纹饰(图347)。

Ⅱ式 蜂蝶竖身盘龙镜 葵花形、菱花皆有,主纹除盘龙外,外区还有蜂蝶花草,流云(图348)。

(2)横身盘龙镜 葵花形,主纹盘龙呈横身式,边饰流云纹(图349)。

(3)方身盘龙镜 方形,主纹龙纹呈方形盘于镜中(图350)。

图347 竖身盘龙镜
直径14.7厘米

图348-1 蜂蝶竖身盘龙镜

图348-2 蜂蝶竖身盘龙镜

图348-3 蜂蝶竖身盘龙镜

图 349-1 横身盘龙镜
直径 12.2 厘米

图 349-2 横身盘龙镜
直径 24 厘米

图 350 方身盘龙镜
边长 12.5 厘米

图 351 双龙镜

(4) 双龙镜 葵花形,竖身双龙呈对峙状,中间钮下为二组流云纹(图 351)。

(5) 螭龙镜 圆形,圆钮,辫索状钮座,主纹为相互缠绕的 12 螭龙(图 352)。

11. 双狮镜

圆形,双狮上下作奔走状,扭头怒目对视(图 353)。

### 12. 双飞鱼镜

方形，双鱼各生双翅作飞翔状，一上一下，图案粗糙（图354）。

### 13. 双犀镜

葵花形，双犀对峙，中间上为树丛，下为山水树林。四角为花枝（图355）。

图352　螭龙镜
直径17.1厘米

图353　双狮镜
直径11.5厘米

图354　双飞鱼镜
边长10.7厘米

图355　双犀镜
直径21.3厘米

### 14．八卦镜类

镜形有圆、方、葵花等三种，主题纹饰为八卦，再配置以其他图案，故产生许多型式，计有六型：

（1）简单八卦镜　方形，圆钮，方座，八卦图案呈方折环绕配置，素缘（图356）。

（2）荷叶座八卦镜　方形，钮座为一圆角方形的大荷叶，八卦布列八方（图357）。

（3）百炼八卦镜　亚方形，圆钮，八卦图案呈方折线钮，其外有"精金百炼，有鉴思极，子育长生，形神相识"的铭文。素缘。

（4）十二生肖八卦镜　主纹内为八卦，外为十二生肖可分二式：

Ⅰ式　葵花形十二生肖八卦镜　伏螭钮，葵瓣座，八卦图像围于钮外，再外环绕于写实性强的十二生肖（图358）。

Ⅱ式　方形十二生肖八卦镜　此式亦为钮座外为八卦，其外为二周弦纹，弦纹间为图案化的十二生肖，素宽缘内四角为一组简单的几何纹（图359）。

图356　简单八卦镜
边长 12.6 厘米

图357　荷花座八卦镜
边长 16.1 厘米

图358 葵花形十二生肖八卦镜
直径14.7厘米

图359 方形十二生肖八卦镜

(5) 干支八卦镜 圆形,圆钮,主纹分为四区,从内向外分别为符箓、干支铭文、八卦图像。素缘(图360)。

(6) 水银铭八卦镜 圆角方形,钮座外八卦作方圈排列,外为篆文铭文一周"水银阴精,辟邪卫虚,形神日照,保谁长生"(图361)。

图360 干支八卦镜
直径18厘米

图361 水银铭八卦镜
直径14厘米

### 15. 符箓铭文镜

方形，主纹为四铭文四符箓相间，铭文曰："元师本令"，素宽沿（图362）。

图 362　符箓铭文镜
边长 11.5 厘米

### 16. 万字镜

有亚字形和圆形两种，均圆钮，主题纹饰以钮为中心作双线卍形，有的在卍纹中排列"永寿之镜"四字，有的在卍两侧配置"受岁"二字。素缘：此类镜到五代时，镜背上铸有"都省匠人"四字，故又叫"都省匠人镜"。

"卍"在梵文中意为"吉祥万德之所集"，佛教认为它是释迦牟尼胸部所现的"瑞像"，用作"万德"吉祥的标志。武则天长寿二年（公元693年）钦定此符号读"万"，铜镜上的卍与永寿、受岁等吉祥语排列在一起，也是含有吉祥的意思（图363）。

### 17. 素镜类

可分五型：

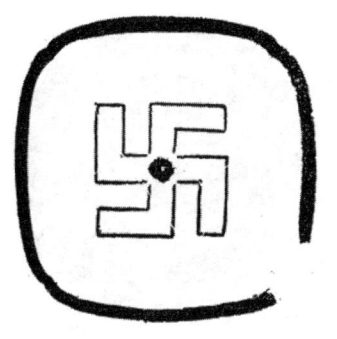 

图 363–1　万字镜　　　　　图 363–2　万字镜
直径 19.5 厘米　　　　　　直径 14.7 厘米

（1）圆形素镜　此型镜虽称素镜，但有的有小连弧座，有的有根单弦纹，有的有两根弦纹（图364）。

（2）方形素镜　此型镜除钮和宽素缘外别无其他纹饰（图365）。

（3）葵花形素镜　此型葵花有六瓣也有八瓣（图366）。

（4）菱花形素镜　此型镜体呈八瓣菱花形（图367）。

（5）亚方形素镜　此型镜体呈亚方形，宽缘（图368）。

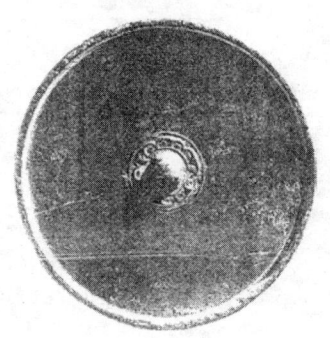

图 364–1　圆形素镜
直径 16.2 厘米

图 364–2　圆形素镜
直径 8.7 厘米

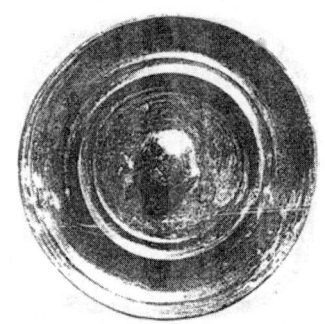

图 364–3　圆形素镜
直径 13.7 厘米

图 365　方形素镜
边长 17.2 厘米

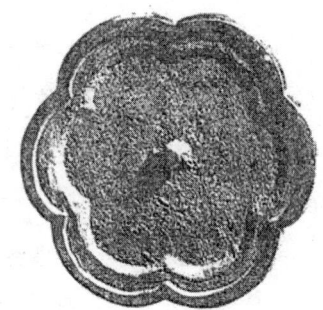

图 366–1　葵花形素镜
直径 6.2 厘米

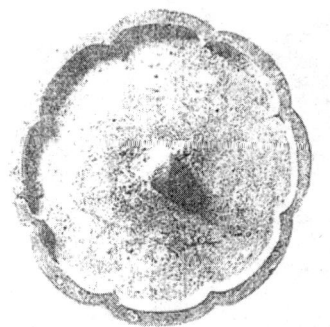

图 366–2　葵花形素镜
直径 8.1 厘米

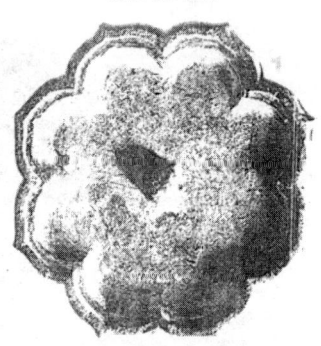

图 367　菱花形素镜
直径 15.7 厘米

## 18. 特种工艺镜类

唐代在制镜上创造了许多特种工艺，制出了下列四型高级铜镜：

（1）金银平脱镜  这种镜子的纹饰是用漆粘贴金花银花饰片构成，直径一般在20厘米以上，葵花形、圆形皆有，圆钮，花叶形钮座，或围以花叶形圈，依主题纹饰可分为八式：

Ⅰ式  金银平脱天马鸾凤镜  圆形，两只飞凤和两只跃马配置在缠枝花叶之中，外饰连叶纹圈带，素缘（图369）。

Ⅱ式  金银平脱双鸾衔花镜  圆形，双鸾凤衔花上下作绕钮飞行状（图370）。

Ⅲ式  金银平脱四鸾四花镜  葵花形，长方钮，重圈花座，内区为放射状八花，外区为四鸾四花（图371）。

Ⅳ式  金银平脱鸾凤花鸟镜  葵花形，钮周围为缠枝花环绕，外区为四鸾凤四花枝相间，内外区之间为众鸟绕钮飞翔（图372）。

Ⅴ式  金银平脱鸾鸟衔花镜  圆形，银片莲叶纹座，外有金丝

图368  亚方形素镜
直径17.5厘米

图369  金银平脱天马鸾凤镜
直径30厘米

图370　金银平脱双鸾衔花镜　　　　图371　金银平脱四鸾四花镜
　　　　直径21厘米　　　　　　　　　　　　直径30厘米

同心结纹一圈，四枝金花鸾鸟同向展翅飞翔，口衔绶带，其间配置四组带叶花瓣（图373）。

Ⅵ式　金银平脱羽人花鸟镜　主纹双羽人和双飞凤同向环绕，其间配置各个不同形态的花卉和小形花鸟，八瓣莲花座及羽人飞凤由银片构成，银光闪闪，点缀的花鸟由金片构成，金光耀耀，十分明丽（图374）。

Ⅶ式　银平脱双鸾花鸟狩猎纹镜　圆形，主纹复杂，在树林花草之中双鸾对峙，鸟兽杂陈，有人策马狩猎（图375）。

Ⅷ式　银平脱灵芝花镜　圆形，六组灵芝花组成主纹，每组间还伸出一朵灵芝花（图376）。

（2）螺钿镜　镜背用漆贴螺蚌、贝壳片构成花纹图案的镜子叫螺钿镜。计有三式：

Ⅰ式　螺钿人物花鸟镜　圆形，圆钮，钮上方为一株枝叶繁茂、花瓣盛开的花树，树梢一轮明月，树干下蹲一猫，树两侧各一振翅翘尾鹦鹉。钮左侧端坐一人，手弹琵琶，钮右侧坐着一人，手

图372　金银平脱鸾凤花鸟镜
直径28.5厘米

图373　金银平脱鸾鸟衔花镜
直径22.7厘米

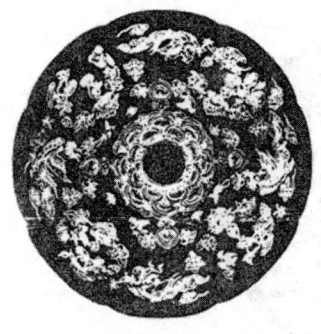

图374　金银平脱羽人花鸟镜
直径36.2厘米

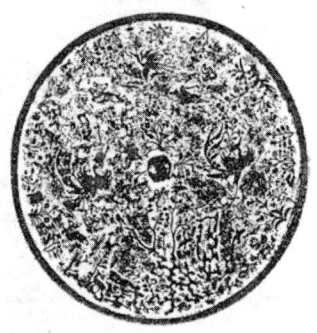

图375　银平脱双鸾花鸟狩猎纹镜
直径20.4厘米

持酒盅，面前一鼎一壶，背后立一女侍，双手捧盒；钮下有仙鹤、水池，池内和池边都有嬉戏的鹦鹉；在画面空处错落地飞满了花瓣（图377）。

　　Ⅱ式　螺钿宝相花镜　此式镜螺钿嵌满全镜，四宝相花点缀其中，其他为花叶之类，十分繁密（图378）。

　　Ⅲ式　螺钿盘龙镜　圆形，直径22厘米，一龙昂扬飞腾，盘绕于云纹之中。

图 376 银平脱灵芝花镜
直径 4.2 厘米

图 377 螺钿人物花鸟镜
直径 24 厘米

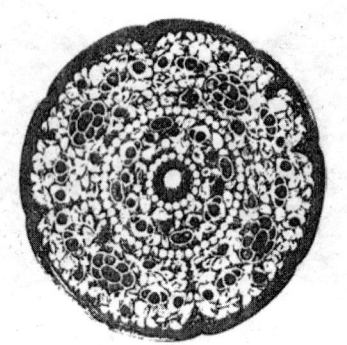
图 378 螺钿宝相花镜
直径 27.4 厘米

（3）贴金贴银镜 此型镜系指镜背贴以银板或金板，其上刻出各种纹饰。或者在青铜镜背的凸起纹饰上贴以金、银片，由于工艺原因，捶贴的金银片易于脱落。计有六式：

Ⅰ式 贴金花鸟镜 菱花形，主纹为几只花鸟（图379）。

Ⅱ式 贴银鎏金山水人物镜 菱花形，铜镜背面贴银板刻出纹饰，圆钮，内区山水人物，其人物吹笙弹琴，配以舞凤盘龙。外区

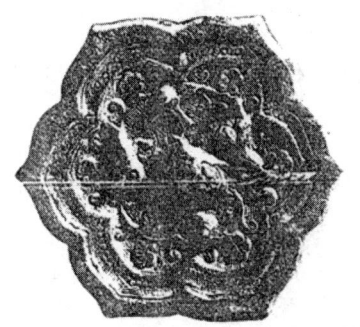 

图 379-1　贴金花鸟镜
直径 6.2 厘米

图 379-2　贴金花鸟镜
直径 5.9 厘米

禽鸟枝蔓，边缘一圈铭文，主题纹饰和铭文鎏金，直径 40.7 厘米。

Ⅲ式　贴银鸾兽花枝镜　菱花形，兽钮，内区六瑞兽攀援花枝，外区花枝禽鸟相间流云纹及花枝纹缘（图 380）。

Ⅳ式　贴银鸾兽镜　菱花形，兽钮。镜背双鸾双兽绕以花枝，纹饰上贴以银壳（图 381）。

Ⅴ式　贴银鸟兽镜　菱花形，主纹二鸟二兽立于缠枝上（图

图 380　贴银鸾兽花枝镜
直径 21 厘米

图 381　贴银鸾兽镜

382)。

Ⅵ式　贴银鎏金鸟兽镜　菱花形，伏螭钮，二鸟二兽立于缠枝上，通体鎏金（图383）。

（4）铅花石榴纹镜　菱花形，圆钮，钮外围五重圈文间五出云状纹，镜背用铅花饰石榴纹，石榴内为带叶花枝（图384）。

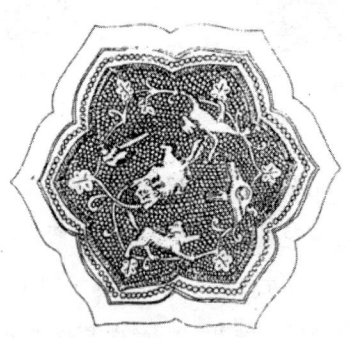

图382　贴银鸟兽镜

图383　贴银鎏金鸟兽镜　　　　图384　铅花石榴纹镜
　　　　　　　　　　　　　　　　　直径8.7厘米

## 四、隋唐镜铭举例

隋唐铜镜的铭文，比之两汉魏晋南北朝大不相同，在体裁上多采用四言骈文，对偶力求工整。在内容上一为以描写闺中生活为题，既反映出她们善颂善祷的各种意愿，又描写出她们空虚无聊的寄生生活的情态；二为描写铜镜本身的图案内容，并借此隐喻对镜者的心境，因此，词藻多柔婉艳丽，词意则缠绵悱恻，与唐诗那种清新豪放、生活壮丽比较起来，有天壤之别。至于镜铭中出现的回环往返皆可读通的回式文体，更如文字游戏了。

试举下列例子：

（1）阿房照胆，仁寿悬宫，菱藏影内，月挂壶中，看形必写，望里如空，山魑敢出，冰质斩工，聊书玉篆，永镂青铜。

（2）龙盘丽匣，凤舞新台，鸾惊影见，日曜花开，团疑璧转，月似轮回，端形鉴远，胆照光来。

（3）兰闺婉婉，宝镜团团，曾双比目，经舞孤鸾，光流粉黛，采散罗纨，可怜无画，娇羞自看。

（4）练形神冶，莹质良工，如珠出匣，似月停空，当眉写翠，对脸传红，依窗绣晃，俱含影中。

（5）写月非夜，疑冰不寒，影合真鹿，文莹翔鸾，粉璧交映，珠帘对看，潜窥圣淑，瑞则常端。

（6）仙山并照，智水齐名，花朝艳采，月夜流明，龙盘五瑞，鸾舞双倩，传闻仁寿，始验销兵。

（7）昭仁晒德，益寿延年，至理贞壹，鉴保长全，窥妆益态，辩皂增妍，开花散影，净月澄圆。

（8）冬朝日照梁，含怨下前床，帷寒以叶带，镜转菱花光，会是无人觉，何用早红妆。

（9）尝得秦王镜，判不惜千金，非关欲照胆，特是自明心。

（10）照日菱花出，临池满月生，官看巾帽整，妾映点妆成。

（11）花发无冬夏，临台晓夜明，偏识秦楼意，能照点妆成。

（12）绝照揽心，圆辉属面，藏宝匣而光掩，挂玉台而影见，鉴罗绮于后庭，写衣簪乎前殿。

（13）灵山孕宝，神使观炉，形圆晓月，光清夜珠，玉台希世，红妆应图，千娇集影，百福来扶。

（14）美哉圆鉴，览物称奇，雕镌合矩，镕洗应规，仙人累莹，玉女时窥，恒娥是垿，服御攸宜。

（15）玉匣盼开盖，轻灰拭夜尘，光如一片水，影照两边人。

（16）武德五年（公元622年）岁次壬午八月十五日甲子，扬州总管府造青铜镜一面充癸未年元正朝贡，其铭曰：上元启祚，灵鉴飞天，一登仁寿，于万斯年。

以下三首属回文体镜铭：

（1）镜发菱花，净月澄华。

（2）发花流采，波澄影成，月素齐明，鉴秦逾净。

（3）别春驰忧，结恋离愁。

## 第七章

# 中国铜镜缓慢发展阶段
## ——宋辽金时期

### 一、宋镜的分期和特点

从整体情况而言,这个时期铜镜工艺处于缓慢发展阶段,但细分起来还略有起伏,唐末宋初我们可以明显地看出铜镜生产从盛唐的顶峰向下急剧跌落的现象,但赵宋统一后,随着社会经济的恢复和发展,铜镜制造业又有了回升的情况,综观宋镜的发展有三个阶段:①五代到宋英宗,这是一个沿袭、模仿唐镜型制的时期。所见者为菱花形镜、葵花形镜、亚方形镜、重轮纹镜、方形镜等,无一不是唐代流行的形制。形制虽在模仿,但与唐镜的差别还是显而易见的,首先是铜质不如唐镜的好,镜表面也无唐镜那种漆黑而美丽的锈膜,这应是镜中含银的比例远不如唐所引起的,其次是镜身多较唐镜轻薄。②从神宗到南宋初(或北宋末),这是北宋铜镜的一个短暂的发展时期,铜镜质量有所提高,图纹颇为精致细腻。在形制上，菱花镜由唐的八菱改为六菱，葵花镜的八弧改为六弧，将大钮改为小钮。③南宋初到南宋末，这个时期从装饰艺术上更加衰落，重实用而不尚花纹，基本上都是素地加上制造者商标字号的铭文而成。但另一方面在铜镜形制上却又是一个创新的时期，除传统的圆形、方形、亚方形和菱花形、葵花形之外，还出了特异的形制，如盾形、钟形、鼎形、长条形、扇形、瓶形、带柄形等。

宋代铜镜虽然不能与汉唐铜镜媲美，但还是有自己的特点，在中国铜镜发展史上有着自己的地位。第一，形式多样化是宋镜的一个重要特点，除了常见的型制外，还有特异的形制，已如上述，不再重复了。第二，题材集中是宋镜的再一个特点，主要有三类，第一类主要是缠枝花草，是在宋代写生花鸟画的基础上，采用单线白描，用浅雕技法处理，诸如流莺采枝、双凤穿花、鸳鸯展翅、双鱼比目、连钱富贵、花卉缠枝，整个装饰画面显得纤细秀丽，生动活泼，具有较强的艺术感染力，其制作之精湛，为宋镜中的杰作。第二类主要以具有浓厚宗教色彩的神仙故事为题材，采用粗线条画法，用浮雕技法处理。诸如仙山楼阁、云中飞鹤、山谷云绕、寻仙访道，使画面呈现一副超凡脱俗的神仙意境，这是当时宗教神学盛行的反映。第三类是铸以诗文题记的铭文，如"安明富贵，弗剑而镜"、"菱芳耀日，冰光照室"、"皎月澄河，晓云清波"、"团圆青鸾镜，莫将明月比；明月有时缺，此镜长如此。将镜比佳人，佳人隔千里；谁知团圆心，却与月相似"等等怀情相思、吉祥如意的语句。

字号商标镜铭的大量出现是宋镜的第三个显著特征。许多字号都冠以州名、标明姓氏，有的还有店铺所在地，不少铭文都注明

"真"、"真正一色"等宣传字样,这表明宋代铜镜商品生产的发展和商品竞争的加剧。

宋代由于边患较紧,铜禁极严,地方官工制造的铜镜都刻有当地州县检验的边款和花押,标明铸造的时间、地点、官匠姓名,如"政和元年(即公元1111年)正月十一日益都官郝元刻",这也应是宋镜的又一个特点。

## 二、宋代湖州镜以及饶州镜和建康镜

宋代的采矿业素称发达,矿区大部分分布在南方,尤其是铜矿,当时有"产铜之地,莫盛于东南"[1]的说法。因此,宋代铜镜的产地,多集中在南方,诸如浙江的湖州、临安;江西的饶州、吉州;江苏的建康;福建的建州;湖南的潭州;四川的成都等地。其中尤以湖州最著名,其次是饶州和建康。

宋代的湖州是一个著名的制镜中心,铸镜商号店铺林立,名工巧匠众多,其制品大多专注实用,不尚花纹,产量很大,销路极广,西到巴山蜀水,北到漠北草原,都有湖州制镜的出土。

宋代湖州镜常见的造型有圆形、方形、扇形、长条形、葵花形、菱花形和带柄形。

湖州镜之名为湖州镜,其基本特征是它有带"湖州"二字的铭文题记,使人们知其为湖州所产。常见的铭文题记有:"湖州真石

---

1 《文献通考》卷十八。

家炼铜照子记"、"湖州祖业真石家炼铜镜"、"湖州仪凤桥石家真正一色青铜镜"、"湖州仪凤桥南酒楼相对石家真青铜照子记"、"湖州石家法炼青铜照子"、"湖州石家炼青铜照子,炼铜每两一百(文)"、"湖州真石家六叔照子"、"湖州真石家二叔照子"、"湖州真石家二叔照子记"、"湖州楼相对石八叔照子"、"湖州真石八叔照子,每两一百文"、"湖州真石家念二叔照子"、"湖州石十郎真炼铜无比照子"、"湖州石十二郎炼铜无比照子"、"湖州石十五郎真炼铜照子"、"湖州石念四郎真炼白铜照子"、"湖州真石家念五郎照子"、"真湖州石四二郎造"、"湖州石道人造,每两一百足"、"湖州李道人真炼铜照子"、"湖州李家炼铜照子"等。这种铭文题记在长方形或方形单框或双框作单行、双行以至三行排列。

关于湖州镜产生的年代,过去的一些著述中都认为始于南宋,如《新中国的考古收获》[1]、《湖南出土铜镜图录》[2]、《谈谈我国古代的铜镜》[3]等,从近年的考古发现来看应上溯到北宋时期,仅以江西为例,在北宋政和六年(公元1116年)显谟阁学士郭知章墓、北宋宣和七年(公元1125年)蔡披墓、北宋靖康二年(公元1127年)张氏墓、北宋政和四年(公元1114年)陈天若墓,甚至皇祐三年(公元1050年)以屯田员外郎知江阳军的葛闳夫妇墓都出土有标准的湖州镜,故可知湖州镜在北宋晚期已是比较常用和流行的镜类了,其始铸年代上推到北宋中期是没有多大问题的。

---

1　中国社会科学院考古研究所编,文物出版社1961年。
2　湖南省博物馆编,文物出版社1969年。
3　王仕伦:《考古通讯》1955年第6期。

宋代的饶州,是另一处著名的铜镜铸造中心。饶州及附近的信州、虔州当时都有著名的采铜矿场,这一带是宋代的一个产铜中心,据《宋会要辑稿·食货》载,当地的铅山铜矿就有矿工十余万,堪称全国首屈一指的大矿场,直到南宋时仍是一处国内闻名的大铜矿。宋代铜镜的制造多集中在产铜地区,所以饶州成了次于湖州的一个铸镜中心。

宋代饶州镜常见的造型有圆形、方形、长条形、葵花形、菱花形和带柄形,与湖州镜一样,也是由于其铭文题记上有"饶州"二字,故知其为饶州镜。常见的铭文题记有:"饶州叶家青铜照"、"饶州叶家久炼青铜照子"、"饶州棚下叶三家炼青铜照子"、"饶州新桥许家清铜照子"、"饶州上巷周家久炼青铜照子"、"饶州朝天门里周二家炼铜照(子)"、"饶州朝天门里周五家炼铜照子"、"饶州上巷周家小一哥炼铜照子记"等。从饶州镜在造型、铭文风格上与湖州镜均较一致的情况看,应是与湖州镜同时的一种镜类。

宋代的建康,也是一个著名的铜镜铸造地区。建康,即今南京,是长江下游的一个经济中心,又是沿江的军事重镇。当南宋迁都临安以后,全国政治、经济、文化中心随之迅速南移,享有"陪都"之称的建康,更成了商业经济繁荣的名邦大城,其中聚有一定数量的铸镜商铺和工匠。

宋代建康镜常见的造型有圆形、葵花形、菱花形和带柄形。常见的铭文题记有:"建康府茆家工夫镜"、"建康府茆八叔炼铜照子"、"建康府张家炼铜照子"、"建康府石家念二叔"等,由此可见,宋建康镜多是由茆家、张家、石家所铸造,其中石家念二叔本湖州制镜名匠,此处名曰"石家念二叔"或许是这位石家念二叔在建康设的分店。

从建康镜的镜型和铭文题记款式观察，似与湖州镜和饶州镜的铸造年代相同，因有"石家念二叔"铭文题记更证明了这点。

## 三、宋代铜镜的分类

宋代铜镜种类较多，计分以下十三类：

### 1. 都省铜坊铭文镜

圆形，小钮。此类镜一般在钮两侧分铸"都省铜坊"、"匠人××"，钮的上方铸一"官"字，组成"都省铜坊官匠人谢昭"、"都省铜坊官匠人倪成"等铭文字样。这种镜直径较大，均在18厘米以上（图385）。

### 2. 吉祥铭文镜类

可分以下十三型：

(1)"千秋万岁"铭文镜　圆形，钮上下左右各置一字，组成"千

图385-1　都省铜坊铭文镜
直径18.9厘米

图385-2　都省铜坊铭文镜
直径24.5厘米

秋万岁"铭文（图386）。

（2）"忠孝之家"双重铭文镜　葵花形，内区铭文"忠孝之家"四字，外区铭"长命富贵家和永昌"（图387）。

（3）"福寿家安"双重铭文镜　菱花形，内区铭文"福寿家安"，外区铭文"清素传家，永用宝鉴"（图388）。

（4）"浮阳清辉"铭文镜　菱花形，内区无铭文，外区铭文曰："浮阳清辉，湛素传家"（图389）。

图386　千秋万岁铭文镜
直径17.8厘米

图387　忠孝之家双重铭文镜
直径12厘米

图388　福寿家安双重铭文镜
直径14厘米

图389　浮阳清辉铭文镜
直径15.8厘米

(5) 满江红铭文镜　菱花形，主纹由双线形成八个钮环相连的环带，内填"满江红"词一首，环间布列八卦，词首"雪共梅花"在坤卦左侧起首，到钮侧"须相忆"结束共93个字（图390）。

(6)"安明双剑"铭文镜　有菱花形、盾形等，镜中钮竖有双剑，剑侧铭文为"安明贵宝，弗剑而镜"八个字（图391）。

(7)"河澄皎月"铭文镜　长方形，竖行两行铭文"河澄皎月，清波晓云"（图392）。

(8)"菱芳耀日"铭文镜　长方形，竖行两行铭文"菱芳耀日，水光照室"（图393）。

(9)"炼铁为鉴"铭文镜　可分二式：

Ⅰ式　"炼铁为鉴"铭文镜　钟形，镜上铸"炼铁为鉴，衣冠可正"八个字（图394）。

Ⅱ式　"炼铁为鉴"人物铭文镜　瓶形，铭文环瓶腹而作放射式排列，瓶颈上有一站立人（图395）。镜铭同Ⅰ式。

图390　满江红铭文镜
直径21.7厘米

图391-1　安明双剑铭文镜

图 391–2　安明双剑铭文镜

图 391–3　安明双剑铭文镜
高 16.5 厘米

图 392　河澄皎月铭文镜
高 14.5 厘米

图 393　菱芳耀日铭文镜
高 9.2 厘米

图394　炼铁为鉴铭文镜
　　　　高11.2厘米

图395　炼铁为鉴人物铭文镜
　　　　高21厘米

(10)"回光反照"铭文镜　钟形，钟面布有涡形底纹，镜中下置一炼丹炉，冉冉上升的烟霞中托起一粒仙丹，图的两侧铭文"回光反照，孰为妍丑"八个字（图396）。

(11)"匪鉴斯镜"铭文镜　钟形，镜中一印"李道人造"，两侧铭文为"匪鉴斯镜，以妆尔容"（图397）。

(12)"视尔前虑尔后"铭文镜　菱花形带柄，中为一虚拟圆形铜镜，圆钮，连弧钮座，外为龙虎对峙，再外为铭文"视尔前，虑尔后"六个字（图398）。

(13)"大观通宝"钱形镜　圆形，整个镜为一北宋徽宗时制钱"大观通宝"（图399）。

图 396　回光反照铭文镜　　　　　　图 397　匪鉴斯镜铭文镜
　　　　　　　　　　　　　　　　　　　　　　高 14.4 厘米

3. 花卉镜类

可分以下七型：

（1）四花镜　圆形或亚方形，花形钮座，主纹四花，素缘（图 400）。

（2）交枝四花镜　圆形，主纹四花枝干相交，宽素缘（图 401）。

（3）缠枝四花镜　主纹四花，由缠枝圈成四组，可分四式：

Ⅰ式　菱花形缠枝　四花镜，主纹四花由缠枝连为一整体（图 402）。

Ⅱ式　葵花形缠枝四花镜　主纹同Ⅰ式，只是在葵瓣内有点小装饰（图 403）。

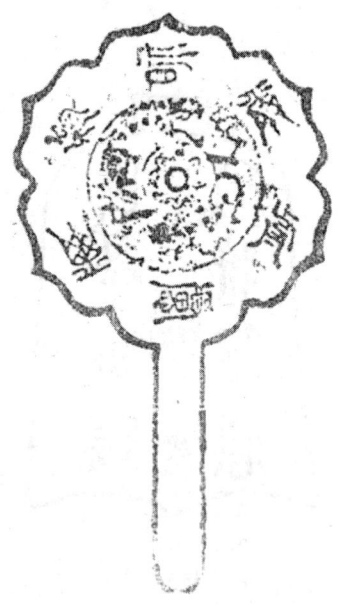

图 398　视尔前虑尔后铭文镜
高 20.8 厘米

图 399　大观通宝铭文镜
直径 3.8 厘米

图 400-1　四花镜
直径 21.8 厘米

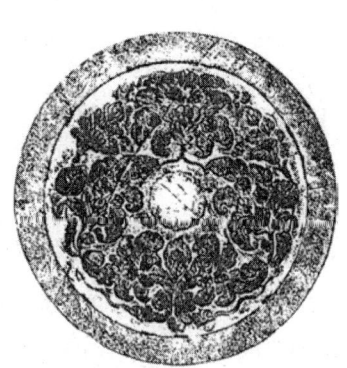

图 400-2　四花镜

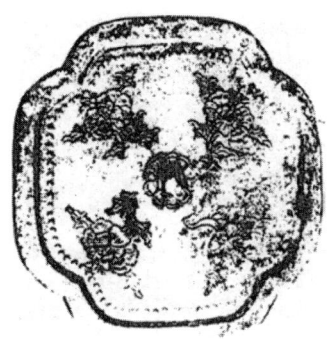

图 400–3　四花镜

图 401　交枝四花镜
直径 16.8 厘米

图 402–1　菱花形缠枝四花镜
直径 26 厘米

图 402–2　菱花形缠枝四花镜

Ⅲ式　方形缠枝四花镜　主纹四花分布在四角，近四边处为蜂蝶之类（图 404）。

Ⅳ式　亚方形缠枝四花镜　主纹四花由一连点圆圈围着，再外为亚方形连点纹（图 405）。另一种主纹内区为缠枝四花，外区为铭文一周："咸平三年（公元 1000 年）庚子东京铸铁监铸造"（图 406）。

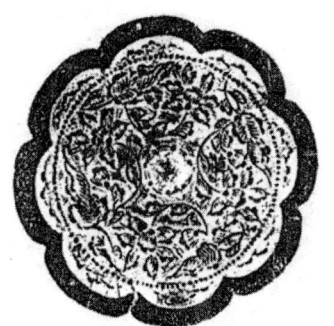
图 403 葵花形缠枝四花镜
直径 11.5 厘米

图 404 方形缠枝四花镜
边长 12.5 厘米

图 405 亚方形缠枝四花镜
直径 15.5 厘米

图 406 亚方形纪年铭缠枝四花镜

(4) 四荷花镜 亚方形，主纹四荷花，镜钮钮座亦为一朵较大的荷花，故又可称五荷花镜（图 407）。

(5) 四花叶镜 葵花形，花形钮座，主纹为四带叶花朵，外为一圈连珠纹，素缘（图 408）。

(6) 缠枝八菊花镜 圆形，主文为缠枝菊花，内外各四朵，外为一周凸弦纹（图 409）。

（7）神人异兽四花叶镜　菱花形，圆钮，连珠形钮座，钮四周布四缠枝花，再外为神人异兽（图410）。

4. 娑罗树镜

圆形镜中一棵枝叶繁茂的娑罗树，可分二型：

（1）娑罗树镜　主纹娑罗素树呈浅雕，树下有三堆石头（图411）。

（2）阴刻纹娑罗树镜　主纹娑罗树为阴刻，故拓出为阴纹（图

图407　四荷花镜

图408　四花叶镜

图409　缠枝八菊花镜

图410　神人异兽四花叶镜
直径12.1厘米

412)。

## 5. 四神镜

制作粗糙,可分二型:

(1) 菱花形四神镜 主纹四神,除青龙前有朵云状纹外,别无其他纹饰(图413)。

(2) 心形四神镜 除主纹四神外,亦无其他纹饰(图414)。

图411 娑罗树镜
直径12.1厘米

图412 阴刻纹娑罗树镜
直径14.2厘米

图413 菱花形四神镜
直径7.5厘米

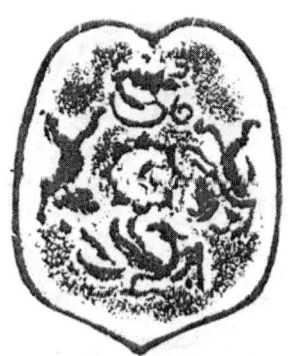

图414 心形四神镜

6. 瑞鸟镜类

可分四型：

(1) 鸾凤镜  可分以下五式：

Ⅰ式  菱花形鸾凤镜  主纹一对鸾凤一上一下绕钮飞行（图415）。

Ⅱ式  圆形鸾凤镜  主纹鸾凤有的精雕细刻，写实性较强，尾羽十分美丽，有的图案粗糙，写意性强一些（图416）。

图 415-1  菱花形鸾凤镜
直径 11.5 厘米

图 415-2  菱花形鸾凤镜
直径 12 厘米

图 416-1  圆形鸾凤镜

图 416-2  圆形鸾凤镜
直径 13 厘米

图 416–3　圆形鸾凤镜
直径 14.8 厘米

图 416–4　圆形鸾凤镜

图 416–5　圆形鸾凤镜

图 416–6　圆形鸾凤镜

图 416–7　圆形鸾凤镜
直径 11.5 厘米

图 416–8　圆形鸾凤镜
直径 14.7 厘米

图 416–9　圆形鸾凤镜

Ⅲ式　带柄鸾凤镜　主纹同上述两式，只是下有一柄以便于手持（图417）。

Ⅳ式　四凤穿花镜　圆形，主纹四凤穿行于四花枝之间（图418）。

Ⅴ式　双鸾荷花镜　圆形，荷花形钮座，座上下各有荷花一

图 417–1　带柄鸾凤镜　　图 417–2　带柄鸾凤镜　　图 417–3　带柄鸾凤镜
　直径 16.9 厘米

朵，双鸾在荷花左右或往上或往下飞翔（图419）。

(2) 孔雀镜　可分以下三式：

Ⅰ式　孔雀牡丹镜　圆形，此式主纹双孔雀飞翔于牡丹花丛中（图420）。

Ⅱ式　孔雀衔绶镜　委角方形，两孔雀衔绶绕钮飞行（图421）。

Ⅲ式　孔雀双飞镜　亚方形，双孔雀反向飞行（图422）。

图418　四凤穿花镜

图419　双鸾荷花镜
直径22厘米

图420　孔雀牡丹镜

图421　孔雀衔绶镜
边长15厘米

(3) 鸳鸯荷花镜　亚方形，一对鸳鸯上下排列，左右两朵小荷花（图423）。

(4) 四凫镜　可分以下二式：

Ⅰ式　四凫镜　方形，主纹四凫分上下两排，反向飞行（图424）。

Ⅱ式　四凫荷叶镜　圆形，圆钮外四匹荷叶，再外为两朝内，两朝外飞翔的四凫（图425）。

图422-1　孔雀双飞镜

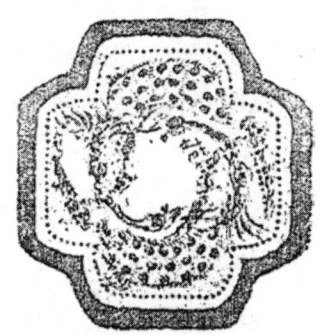

图422-2　孔雀双飞镜

图423　鸳鸯荷花镜

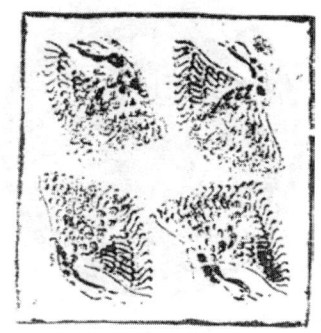

图424　四凫镜
边长13.1厘米

### 7. 风景镜类

可分以下八型：

(1) 莲塘花草镜　葵花形，主纹系水波荡漾的池塘，上面一侧为芦苇，一侧为荷叶莲花，钮上正中有题款："河中府张家真炼铜照子"十个字（图426）。

(2) 鸟语花香水月镜　圆形，主纹十分富有诗意：天上弯月映入水中，岸边伸出一花枝，上立一只鸟，边饰回纹（图427）。

(3) 出水芙蓉镜　圆形，主纹用简单线条刻画出三支荷花和一张荷叶出于水面。主题鲜明（图428）。

(4) 新月梅花镜　圆形主纹简单明快，一支梅花与一弯上弦月（图429）。

(5) 带柄新月花枝镜　圆形，带柄，主纹为一束花枝占据镜中，一弯上弦月斜挂天上，柄呈长颈瓶形（图430）。

(6) 蜻蜓荷花镜　圆形，圆钮，连弧座，两蜻蜓两荷花相间对

图425　四兔荷叶镜

图426　莲塘花草镜
直径13.5厘米

图 427　鸟语花香水月镜
直径 17.6 厘米

图 428　出水芙蓉镜
直径 13 厘米

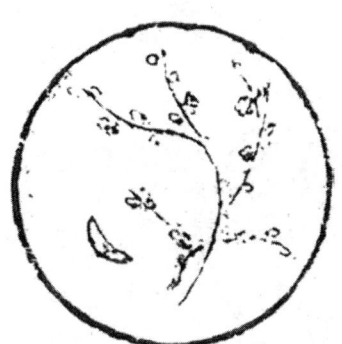

图 429　新月梅花镜
直径 13.1 厘米

图 430　带柄新月花枝镜
通长 20.6 厘米

置排列，皆朝镜缘方向（图431）。

(7) 五蜂镜　圆形，圆钮，颗粒纹底，主纹五只蜜蜂朝向镜钮，作飞行状（图432）。

(8) 蜂蝶镜　圆形，三蜂三蝶相间排列（图433）。

8. 神仙人物故事镜类

此类镜传世很多，计有以下十九型：

(1) 带柄飞仙镜　圆形带柄，一仙人骑凤邀游于天，上部正中

图431　蜻蜓荷花镜
直径15.7厘米

图432　五蜂镜
直径14.4厘米

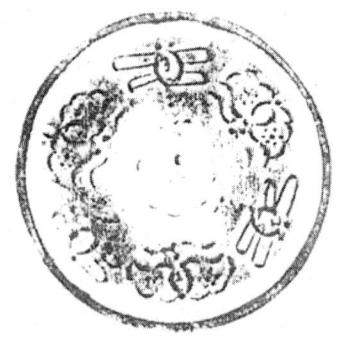

图433　蜂蝶镜
直径8.3厘米

有小题款"临安王造"近边有一周云纹（图434）。

（2）仙人龟鹤镜　圆形、菱花形、有柄形皆有，一般构图为苍松挺拔、横枝如盖，树下仙人端坐，个别为站立，侍者环列，仙鹤飞舞，或座前侍立，灵龟蹒跚，取龟鹤延年之意（图435）。

（3）仙人鹤鹿镜　主纹为仙人立于镜中，侍者立于后，鹤飞于上，鹿行于侧，此取鹤鹿同春的意思（图436）。另一面则是仙人立于树下，侍者一在前面，一在侧面，鹿在水边向仙人走来，鹤则在大门处（图437）。

图434　带柄飞仙镜
通长20.9厘米

（4）仙人渡海镜　有菱花形、方形，主纹为二位仙人一前一后，以剑为舟，在波浪翻滚的大海中破浪前行，菱花镜，图案制作精致，画面清晰，方形者，图案模糊（图438）。

（5）达摩渡海镜　有圆形和菱花形两种，圆形者边为外向连弧。佛教禅宗初祖达摩渡海东来，海风吹起了他头上的竹笠，他忙伸手抓着，袍袖皆随风飘动，海浪翻滚（图439）。

（6）仙人降龙镜　葵花形，主纹仙人祭起宝剑，斩向恶龙，直插尾部，恶龙头下尾上，作挣扎状（图440）。

图 435-1 仙人龟鹤镜
直径 9.4 厘米

图 435-2 仙人龟鹤镜
直径 16.1 厘米

图 435-3 仙人龟鹤镜
边长 9.1 厘米

图 435-4 仙人龟鹤镜
直径 20.5 厘米

图 436 仙人鹤鹿镜
直径 13.1 厘米

图 437 仙人鹤鹿镜
直径 20 厘米

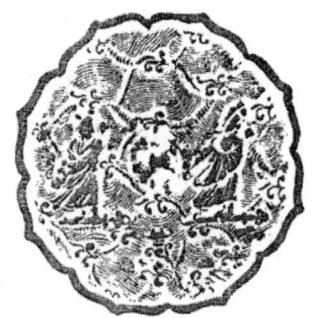

图 438-1 仙人渡海镜
直径 17.2 厘米

图 438-2 仙人渡海镜
边长 9 厘米

图 439-1 达摩渡海镜
直径 13.6 厘米

图 439-2 达摩渡海镜
直径 14.5 厘米

图 440 仙人降龙镜
直径 14 厘米

(7)王质观弈镜　菱花形，主纹中偏右为一大树，后有远山，树下前后各有二人，作短褐，每组有一人手托物，在镜之西北角有二人对弈，中有一人观弈，这就是有名的"王质观弈"的故事（图441）。

(8)许由巢父镜　圆形、菱花形皆有，主纹基本图案为镜中偏左为一大树，树左一个坐在水边，浇水洗耳，镜右一人牵着一头牛准备离开，水中有一花草纹（图442）。有一面此型镜菱花形，在

图441　王质观弈镜
直径11.4厘米

图442-1　许由巢父镜
直径12.3厘米

图442-2　许由巢父镜
直径15厘米

图442-3　许由巢父镜
直径12.8厘米

主纹外有一周大字铭："千秋长命，永用大吉"八个字（图443）。

（9）嫦娥奔月镜　方形，此型就其主纹图案与唐镜并无什么差别，只是制作较粗糙，在形制上主纹布在一大的圆面上，取天圆地方的喻意（图444）。

（10）月宫镜　圆形，带流云纹支架，主纹右侧一桂树，树下一玉兔捣药（图445）。

（11）飞天镜　此型主纹皆为飞天，可分四式：

Ⅰ式　飞天镜　葵花形，主纹仅为二飞天，一个朝上，一个朝下，别无其他纹饰（图446）。

Ⅱ式　流云飞天镜　菱花形，除主纹二飞天外。每菱花瓣内一朵流云纹（图447）。

Ⅲ式　牡丹飞天镜　葵花形，花瓣座，内区二流云二飞天相间，外区四牡丹四飞天相间（图448）。

Ⅳ式　带柄飞天镜　圆形，镜中有"湖州真石十郎家照子"名

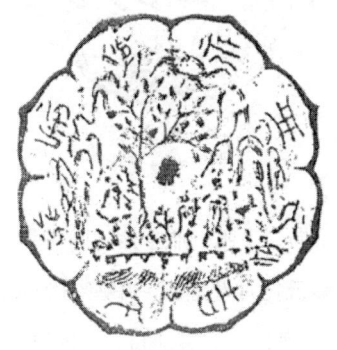

图443　千秋长命许由巢父镜
直径17.8厘米

图444　嫦娥奔月镜
边长10.3厘米

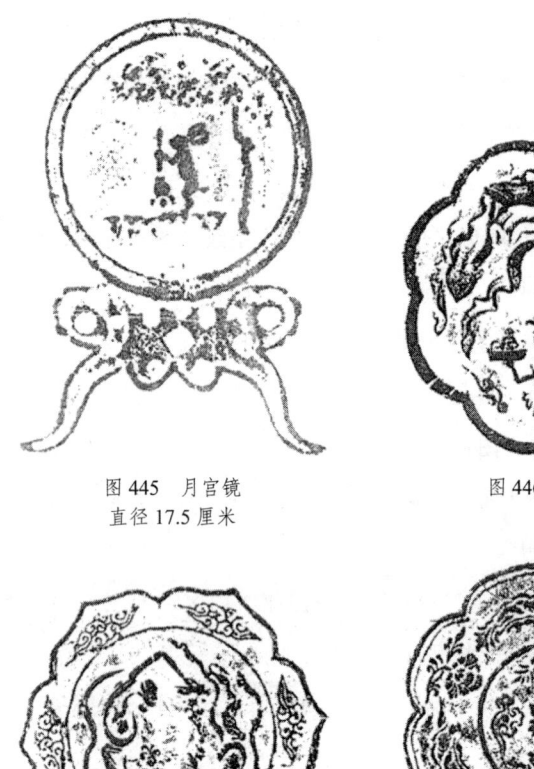

图 445　月宫镜
直径 17.5 厘米

图 446　飞天镜

图 447　流云飞天镜

图 448　牡丹飞天镜
直径 14.4 厘米

号铭的长方框,框两侧各有一飞天,反向,下附一瓶形柄(图 449)。

(12)牛郎织女镜　圆形,上为彩云托月及星辰,中左为织女,右为牛郎,牛郎后有一小孩,面前为天河,河上有鹊桥(图 450)。

(13)"凤求凰"故事镜　菱花形,主纹为"凤求凰"故事镜,大文学家司马相如，弹了一曲"凤求凰"向卓文君表示爱慕之情，卓文君在门外偷听，后来她便随相如私奔至成都，组成家庭，此镜正表现这一场面（图451）。

（14）仕女梳妆镜　葵花形，主纹为一转角屏风围成的内室，靠镜钮有一人坐于矮椅上，一个仆妇在后为其梳妆，一侍女站立侧面，另有一仕女抱着一小孩立在屏风后的长椅上，镜的正上方有一印记，两侧分别为"仕女"、"梳妆'铭文（图452）。

（15）观星望月气功镜　心形，钮上方明星弯月，被上下的流云纹烘托着，一人站立地上观望星月，行吐纳，练气功（图453）。

（16）山寺礼僧镜　八棱形，圆钮，钮上方有半露楼台，钮左

图449　带柄飞天镜
直径13.4厘米

图450　牛郎织女镜
直径15厘米

图 451　凤求凰故事镜
直径 12.9 厘米

图 452　仕女梳妆镜
直径 13.7 厘米

图 453　观星望月气功镜
直径 13.4 厘米

有一株大树至顶，枝叶茂密，下为长桥流水，东桥头一僧端坐，二僧列侍于后，西桥头一僧拱手拜谒，桥上一僧抬手前行（图454）。

（17）佛祖说法镜　心形，主纹为佛祖释迦牟尼说法的场面，只见佛祖高坐法台之上，左右及前面弟子环列，聆听祖佛讲说佛法

(图 455)。

（18）蹴鞠纹镜　蹴鞠是宋代民间非常流行的一种娱乐性的体育活动，这是足球运动的雏形，此类铜镜画面作主仆四人，男主人幞头长衫，蹲步前倾作防守之状，女主人高发髻，一脚前抬作踢球状，男女主人身后各一仆，注视着主人踢球。镜着圆形，素缘（图 456）。

图 454-1　山寺礼僧镜

图 454-2　山寺礼僧镜
直径 15.3 厘米

图 455　佛祖说法镜
长 20 厘米

图 456　蹴鞠纹镜
直径 11.3 厘米

（19）轩辕百炼耕牛镜　心形，正中一大方框，两边为"轩辕维法造丹药，百炼成得者身昌"。中上为三行字："人有十口，前牛无角，后牛有口，走"，这几句被释为"古人手造"或"甲午造"。下为一耕牛，牛下为"辟祸去邪"。框下为花枝纹（图457）。

图457　轩辕百炼耕牛镜
长20.8厘米

9．八卦纹镜类

可分以下九型：

（1）简单八卦镜　方形，花瓣钮座，两周连珠圈内置主纹八卦图像，四角空处填以纹饰；另有圆形、菱花形八卦镜，八卦呈圆环状绕钮排列（图458）。

（2）阳燧八卦镜　八角形，镜中一微凹圆面，即成一阳燧——太阳光射其上可将光反射出聚成一个焦点，以点燃干的东西，其外为八卦图形（图459）。

图458-1 简单八卦镜
直径10.3厘米

图458-2 简单八卦镜
直径10.7厘米

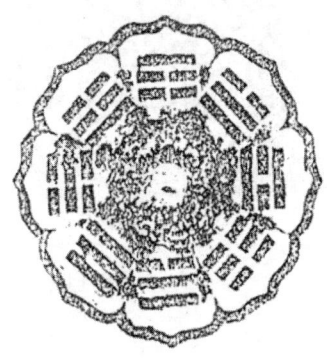

图458-3 简单八卦镜

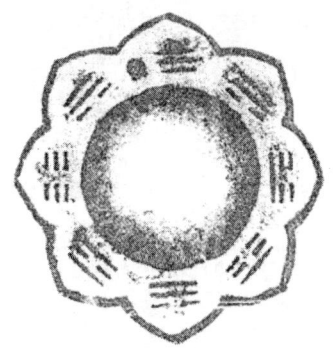

图459 阳燧八卦镜
直径11厘米

（3）龙虎八卦镜 菱花形，圆钮下压一对峙龙虎，其外为一周铭文，再外即八卦纹（图460）。

（4）四神八卦镜

Ⅰ式 菱花形四神八卦镜 主纹四神布于镜钮四边，再外为八卦纹，制作粗糙（图461）。

Ⅱ式 葵花形四神八卦镜 在花瓣形钮座外的内区为四神纹，

内外区之间二弦纹，外为八卦纹（图462）。

（5）花瓣座八卦镜　菱花形，圆钮，六瓣花形钮座，座外弦纹一周，再外为一八角形图案相套，主纹八卦布列于八角形外，再外为葵花形八连弧一周，菱花边较宽（图463）。

（6）四方位八卦镜　圆形，圆钮，其外为环列一周的八卦，再外为一双线方框，内有十二天干铭，再外为表明四方的东方（甲乙）

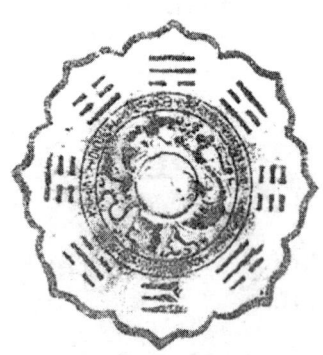

图460　龙虎八卦镜
直径11.2厘米

图461　菱花形四神八卦镜

图462　葵花形四神八卦镜
直径14.7厘米

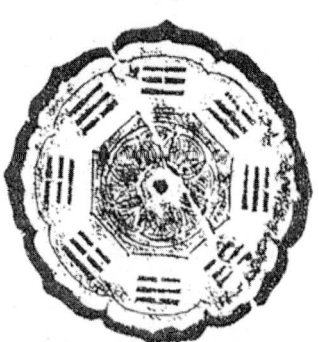

图463　花瓣座八卦镜
直径15.3厘米

木,南方(丙丁)火,西方(庚辛)金(炼炉),北方(壬癸)水,铜镜表示方位过去用四神,此镜这种方式尚属首见(图464)。

(7)日月星辰八卦镜 可分二式:

Ⅰ式 铭印日月星辰八卦镜 圆形,钮座上下左右置印章形铭文四组:"写视万物"、"日月贞明"、"相象百岁"、"天地命焉"。其外八卦图形作方角折绕,构成正方形八卦图像,左右上下分别配置日月星辰,日月星辰两边各置一朵流云,形成天圆地方、日月星辰运行之状(图465)。

Ⅱ式 四山日月星辰八卦镜 圆形,四山字钮,主要纹饰基本同于Ⅰ式,但在Ⅰ式铭印位置上是四组由山字组成的图案(图466)。

(8)星剑四卦镜 盾形,其主纹接近于铭文镜之安明贵宝镜,镜中偏南一双耳壶之类铜器图案,四周为坤、离、乾、坎四卦,其上为星象,左右为双剑,再外为两排不识的文字(图467)。

(9)方格八卦镜 方形,此镜图案特异,圆钮,钮外为有一

图464 四方位八卦镜
直径15.2厘米

图465 铭印日月星辰八卦镜
直径25厘米

图 466　四山日月星辰八卦镜
直径 20.7 厘米

图 467　星剑四卦镜

周铭文:"大唐贞观拾陆年伍月戊午造"的圆面,紧贴外面大方格,在缘内由 24 个似字非字的方块围成一大方格。在这内外方格间为主纹八个卦象——八卦中各自相重组成。此镜出自宋墓,应为宋镜(图 468)。

## 10. 连钱锦纹镜

此镜由似连钱纹锦裁一个圆面组成纹饰,故名连钱锦纹镜,可

图 468　方格八卦镜
直径 12.5 厘米

分三式：

Ⅰ式　简单连钱锦纹镜　圆形，整个画面皆连钱锦文（图469）。

Ⅱ式　贝纹带连钱锦纹镜　圆形，内区为舒朗的连钱锦纹，外区为一周贝纹带（图470）。

Ⅲ式　花瓣座连钱锦纹镜　圆形，圆钮花瓣座再外有连点纹圈，主纹为繁密的连钱锦文组成，宽素缘（图471）。

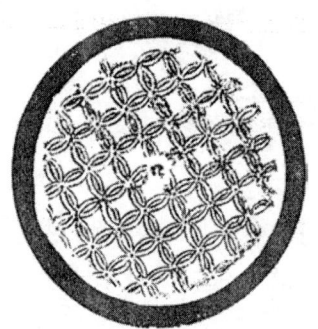

图469-1　连钱锦纹镜

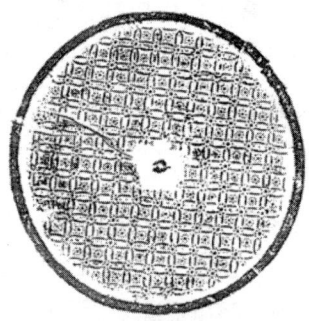

图469-2　连钱锦纹镜
直径10.8厘米

图470　贝纹带连钱锦纹镜
直径11.2厘米

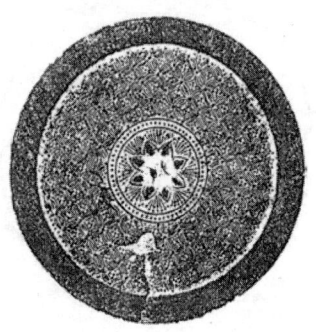

图471　花瓣座连钱锦纹镜

11. 双龙镜

主纹双龙，根据双龙的姿态，可分以下五型：

（1）对峙双龙镜　主纹双龙头下尾上，龙头对峙，其形制可分菱花形、葵花形、菱花带柄形、鼎形四种，龙头下方横一石坎一类的图案。可分四式：

Ⅰ式　菱花形对峙双龙镜　菱花形镜体，主纹为双龙对峙（图472）。

Ⅱ式　葵花形对峙双龙镜　葵花形镜体，主纹同Ⅰ式（图473）。

Ⅲ式　带柄对峙双龙镜　带柄镜体呈菱花形，主纹同Ⅰ式（图474）。

Ⅳ式　炉形对峙双龙镜　炉形镜体，主纹同Ⅰ式（图475）。

（2）水浪对峙双龙镜　菱花形，主纹同Ⅰ式，龙头下仅为香炉，主纹外为一周水浪纹（图476）。

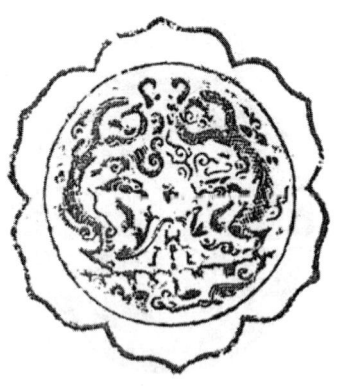

图472-1　菱花形对峙双龙镜

图472-2　菱花形对峙双龙镜
直径13.8厘米

图 473-1 葵花形对峙双龙镜

图 473-2 葵花形对峙双龙镜
直径 15 厘米

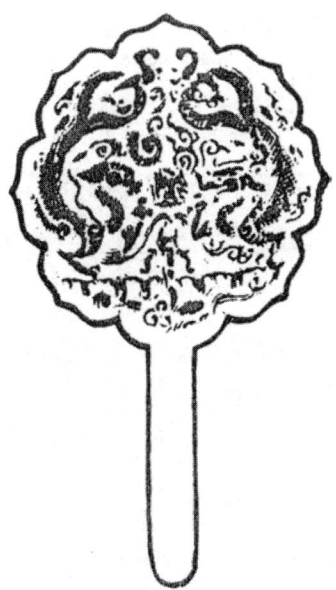
图 474-1 带柄对峙双龙镜
直径 21.5 厘米

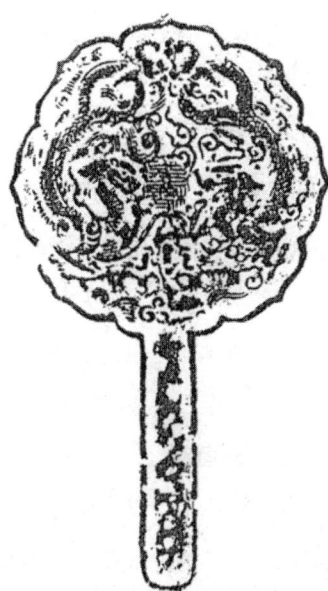
图 474-2 带柄对峙双龙镜
直径 12.9 厘米

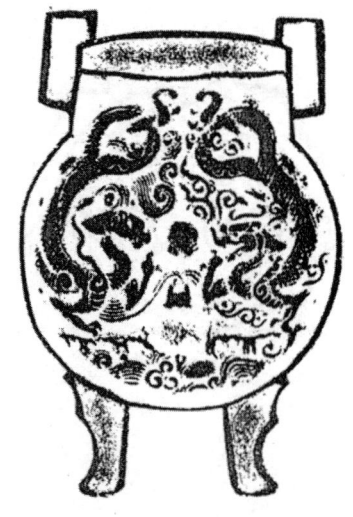

图 475–1　炉形对峙双龙镜　　　　图 475–2　炉形对峙双龙镜
通高 17.2 厘米　　　　　　　　通高 16.6 厘米

（3）铭文带对峙双龙镜　菱花形，主纹双龙同 I 式，但外区有铭文一周："吴氏淑静，嘉熙戊戌（公元 1238 年）"（图 477）。

（4）异向双龙镜　亚方形，主纹双龙，一条龙头在上，龙尾在下，一条龙尾在上，龙头在下（图 478）。

（5）鱼龙变化镜　带柄盾形，主纹下半身为鱼，前半身已幻化为龙，天上浮云朵朵，地下水浪翻飞（图 479）。

### 12. 双鱼镜

菱花形，主纹双鱼异向排列，别无其他纹饰，其中一面中有一印记式铭文"湖州徐家"（图 480）。

### 13. 纪名号铭镜

此类镜是宋镜的一大特点，它包括湖州镜、饶州镜、建康镜、

图 476　水浪对峙双龙镜
直径 18.4 厘米

图 477　铭文带对峙双龙镜

图 478　异向双龙镜
直径 11.6 厘米

成都镜四型，具体内容已为前述，不再重复，其中成都镜，葵花形，饰以"成都龚家青铜照子"、"成都刘氏"之类的铭文。

（1）湖州石家镜　此型镜皆湖

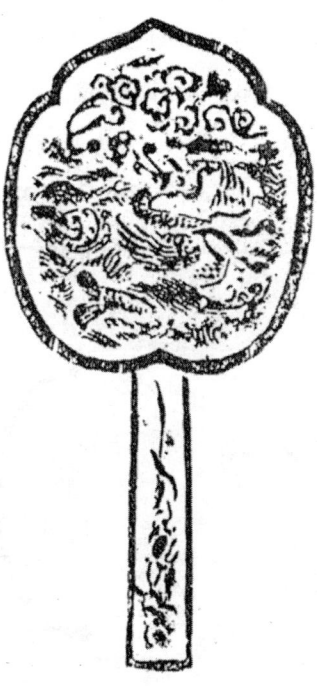

图 479　鱼龙变化镜
通长 21 厘米

图 480-1 双鱼镜
直径 13.7 厘米

图 480-2 双鱼镜
直径 18.5 厘米

州制镜名家石家所造。可分六式：

Ⅰ式　湖州石家镜　有葵花形、心形，此式名号皆为"湖州石家"，并无石家何人所造，图 481-1 其纪号铭曰"湖州石家炼铜照子"，"炼铜每两一百"，图 481-2 纪名号铭曰："湖州石家清铜照子"；图 481-3 纪名号铭："湖州石家造炼青铜照子"。湖州治今江苏省吴兴市。

图 481-1　湖州石家镜
直径 11.6 厘米

图 481-2　湖州石家镜
直径 12.3 厘米

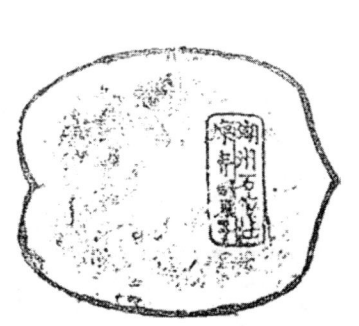

图 481-3 湖州石家镜

图 482 湖州石十五郎镜

Ⅱ式 湖州石十五郎镜 心形，纪名号铭曰："湖州石十五郎真炼铜照子"（图 482）。

Ⅲ式 湖州石念二叔镜 葵花形，带柄，方形皆有。图 483-1 记名号铭曰："湖州真正石念二叔照子"。图 483-2 记名号铭曰："湖州真正石念二叔照子"；图 483-3 记名号铭曰："湖州真石家念二叔照子"。

图 483-1 湖州石念二叔镜

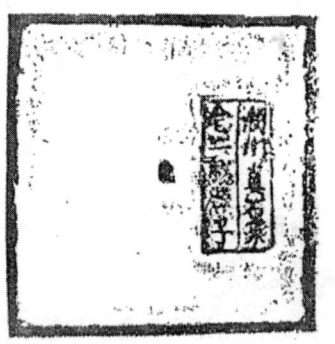

图483–2　湖州石念二叔镜　　　　图483–3　湖州石念二叔镜
　　通长18.7厘米　　　　　　　　　　边长8.1厘米

Ⅳ式　湖州石念二郎镜　葵花形，记名号铭曰："湖州石念二郎真青铜照子"（图484）。

Ⅴ式　湖州石念四郎镜　带柄葵花形，其记名号铭曰："湖州石念四郎真炼白铜照子"（图485）。

Ⅵ式　湖州石三镜　葵花形，其记名号铭曰："湖州凤仪桥南酒楼相对石三真铜照子"（图486）。

（2）饶州镜　可分以下二式：

Ⅰ式　饶州叶家镜　有长方形、带柄葵花形，其记名号铭图487–1为"饶州叶家久炼铜照子记"。图487–2为"饶州叶家久炼

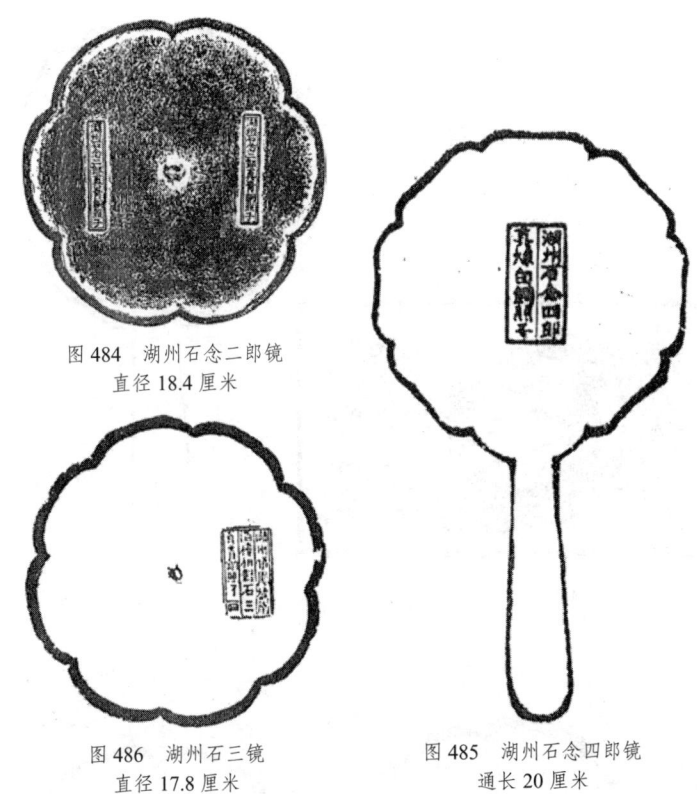

图 484 湖州石念二郎镜
直径 18.4 厘米

图 486 湖州石三镜
直径 17.8 厘米

图 485 湖州石念四郎镜
通长 20 厘米

青铜照子"。饶州治今江西波阳市。

Ⅱ式 饶州许家镜 葵花形,其纪名号铭为"饶州新桥许家青铜照子"(图488)。

(3) 袁州杨家镜 葵花形,其纪名号铭曰:"袁州江北祖代杨家青铜照子"(图489)。袁州治今江西省宜春市。

(4) 杭州镜 可分以下二式:

Ⅰ式 杭州钟家镜 葵花形,纪年名号铭曰:"杭州钟家清铜照

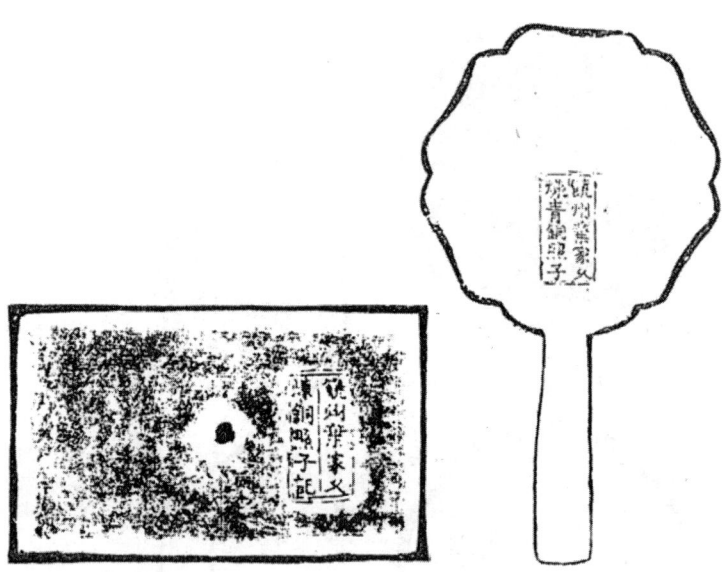

图 487–1 饶州叶家镜　　　　　　图 487–2 饶州叶家镜

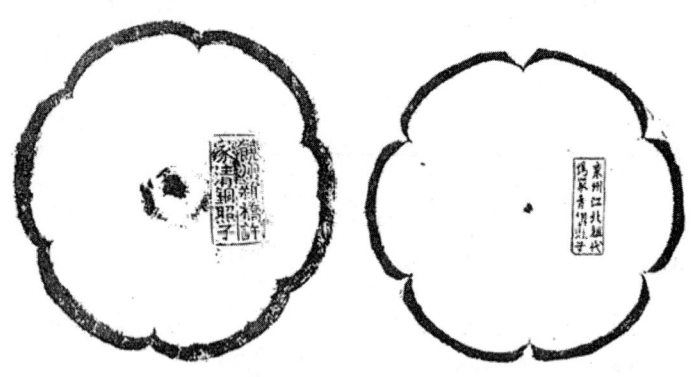

图 488 饶州许家镜　　　　　　图 489 袁州杨家镜
　　　　　　　　　　　　　　　　　直径 17.5 厘米

子在今越州清道桥下岸向西开张"（图490）。越州治今浙江省绍兴市。

Ⅱ式　杭州高家镜　方形，纪年名号铭曰："杭州真正高家青铜照子"（图491）。

（5）抚州曾家镜　葵花形，纪名号铭曰："抚州宝应寺岭上曾家青铜镜"（图492）。抚州治今江西省抚州市。

（6）东遂何家镜　心形，纪名号铭曰："东遂何家青铜照子"（图493）。

图490　杭州钟家镜
直径18.3厘米

图491　杭州高家镜
边长10.3厘米

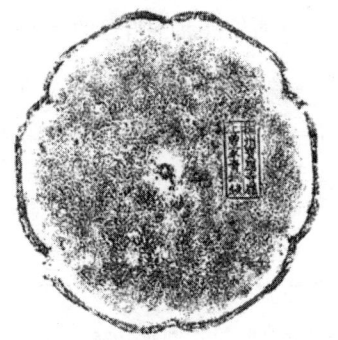

图492　抚州曾家镜
直径15.7厘米

图493　东遂何家镜
长10.4厘米

（7）成都龚家镜　葵花形，纪名号铭曰："成都龚家清铜照子"（图494）。

图494　成都龚家镜
直径16.6厘米

## 四、辽代铜镜的类型

辽代是契丹族建立的政权，晚唐五代开始强大起来，相继占据"燕云十六州"之地，逐步进入河北、山西，公元916年耶律阿保机建立国家。北宋建立后，长期与北宋对峙，战争不断，他们将掳掠的汉族工匠置于上京潢府等地，从而发展起了自己的手工业，辽代的制镜业就是这样产生的。综观辽代铜镜，由于工匠多来源于中原北方，故多数风格与五代、宋一致，少数具有辽国自己的特点。同时由于宋辽贸易交流，宋镜流入辽国也是常有的事，辽代铜镜有以下九类：

1. 连钱锦纹镜

圆形，此镜巧用圆方套合构成纹饰主架，在圆形边缘内为一大方框，方框四边外皆为连钱锦纹，方框内为一双线内切圆，所形成的四夹角内各饰一蝶，圆内又一方框，圆周与方框间为斜线，线内饰虚点，方框内为连钱锦纹（图495）。

2. 蜂蝶蜂巢纹镜

圆形，主纹布局接近1型，圆钮，连点纹钮座，座外为四蜂，再外为由四周连点及一周弦纹组成的环带，再外为一双线大方框，框内夹角为四蝶，框中纹饰不清晰，框外边与镜缘之间为蜂巢纹，素缘（图496）。

3. 鸾凤牡丹镜

圆形，圆钮，花瓣座，主纹三鸾凤与三缠枝牡丹相间，外为内向连弧缘（图497）。

4. 四叶四花镜

圆形，主纹为两双叶双花反向相对而成，素缘（图498）。

5. 飞鸟葡萄镜

圆形，内区为飞鸟、流云相间，外区为缠枝葡萄纹，素缘（图499）。

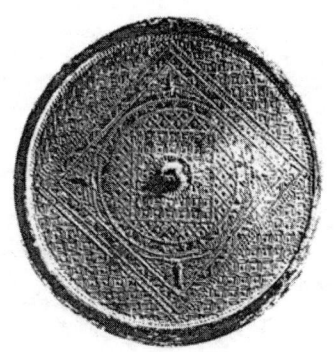

图495 连钱锦纹镜
直径7.9厘米

图496 蜂蝶蜂巢纹镜

图 497　鸾凤牡丹镜
直径 17.7 厘米

图 498　四叶四花镜
直径 12.8 厘米

### 6. 双鱼镜

葵花形，钮上为一名号题记："镜子官□"，钮两侧为反向对称的双鱼（图 500）。

### 7. 天庆十年铭文镜

圆形，无纹饰，仅反书纪年铭"天庆十年（公元 1120 年）五月记"，"高匠"。宽素缘，在素缘上方刻有"朔州马邑县验记官"

图 499　飞鸟葡萄镜
直径 10.5 厘米

图 500　双鱼镜
直径 11 厘米

及画押（图501）。

8. 契丹文字镜

八角形，八角内一大方框，框外填花草纹，框内由四条竖线分成五格，内用契丹文字填满。右上角边上刻有"济州录事完颜通"七个字（图502）。

9. 契丹小字镜

八角形，镜内一委角大方框，钮外四方各一契丹小字，释读为"寿长福德"，框外四组花草纹（图503）。

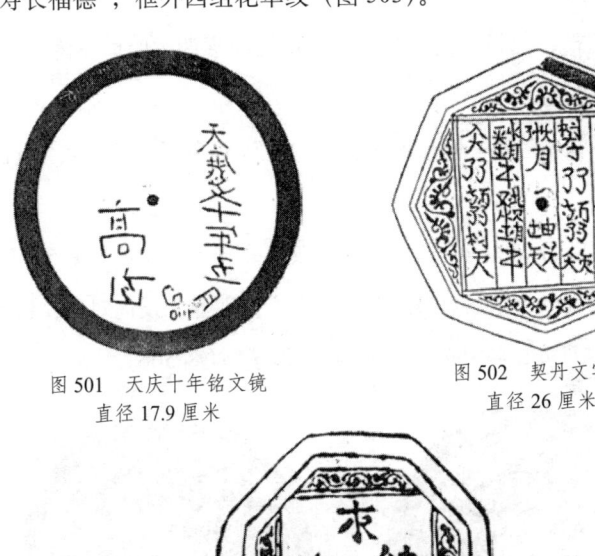

图501　天庆十年铭文镜
直径17.9厘米

图502　契丹文字镜
直径26厘米

图503　契丹小字镜
直径16.4厘米

# 五、金代铜镜的特点及类型

中国铜镜自唐末以来开始衰落,北宋略有复兴,南宋继续衰落,然而与南宋对峙的金代,在铜镜制作上却异军突起,虽有不少仿唐宋之作,但也有创新的内容,形成了自己的特色。当时流行的铜镜有下列九类:

## 1. 双鱼镜

多为圆形,圆钮,主纹双鲤,绕钮反向逐游,四周波涛滚滚,素缘。可分五型:

(1) 简单双鱼镜  圆形或带柄,除主纹双鱼别无其他纹饰(图504)。

(2) 水草带双鱼镜  圆形,主纹双鱼外有水草纹带(图505)。

(3) 承安二年铭双鱼镜  葵花形,主纹双鱼,反向对置,钮上有纪年款:"承安二年(公元1197年)镜子"(图506)。

图504-1  简单双鱼镜
直径20.1厘米

图504-2  简单双鱼镜
直径17.4厘米

图 504-3　简单双鱼镜
直径 17.5 厘米

图 504-4　简单双鱼镜
直径 15.3 厘米

图 505-1　水草带双鱼镜
直径 15.2 厘米

图 505-2　水草带双鱼镜
直径 43 厘米

(4) 承安四年铭带双鱼镜　圆形，主纹双鱼外有铭带一周，首句为"承安四年（公元1199年）上元日陕西东路运司官局造"，宽素缘（图507）。

(5) 鱼龙变化镜

Ⅰ式　鱼龙变化镜　有菱花形与圆形，主纹为单鱼龙变化图案，图案比较粗率（图508）。

Ⅱ式　双鱼龙变化镜　圆形，两条鱼龙绕钮在水波上飞翔，做

图506　承安二年铭双鱼镜
直径11.3厘米

图507　承安四年铭带双鱼镜
直径15.6厘米

图508-1　鱼龙变化镜
直径10.4厘米

图508-2　鱼龙变化镜

工精细。图案清晰,素缘(图509)。这种鱼龙变化实取材于我国长期流传的鲤鱼跃龙门的传说:"河津一名龙门……每暮春之际,有黄鲤鱼逆流而上,得过者便化为龙"(《辛氏三秦记》,《二酉堂丛书》)。民间常把科举及第称为"跃龙门"、"登龙门",作此种图案,与这种愿望亦有一定关系。

2. 龙纹镜

(1) 独龙镜　圆形、菱花形皆有,主纹一龙,其弯曲之形或∩形,或C形,或U形,有的边饰流云纹(图510)。

图509　双鱼龙变化镜
直径23.7厘米

图510–1　独龙镜
直径24.2厘米

图510–2　独龙镜
直径11.7厘米

图510–3　独龙镜
直径12厘米

（2）双龙镜 可分二式：

Ⅰ式 简单双龙镜 有圆形、菱花形、八角形，主纹纯为双龙，右龙头上尾下，左龙头下尾上（图511）。

Ⅱ式 花叶纹带双龙镜 圆形，双龙姿势同Ⅰ式，边加饰花叶纹带（图512）。

3. 双凤镜

（1）简单双凤镜 外为八角形，内为圆形，主纹仅为绕钮飞行

图511-1 简单双龙镜
直径22厘米

图511-2 简单双龙镜

图511-3 简单双龙镜
直径10.1厘米

的双凤（图513）。

（2）缠枝花卉双凤镜　菱花状八角形，在缠枝花卉间有展翅飞翔的双凤，其外为八角形菱花纹圈，圈外仍为缠枝花卉（图514）。

（3）双雁双凤镜　圆形，圆钮，花形钮座，主纹双雁双凤相间飞行，其间还夹以四小鸟，外围连珠带，素缘（图515）。

4. 瑞兽镜

（1）大定通宝瑞兽镜　圆形带柄，镜中心为一"大定通宝"钱纹，

图512-1　花叶纹带双龙镜
直径18厘米

图512-2　花叶纹带双龙镜
直径18.7厘米

图512-3　花叶纹带双龙镜
直径21.5厘米

图513　简单双凤镜
直径10.3厘米

其外为绕钱奔走的四兽，凸弦纹之外的外区图像不清（图516）。

（2）承安三年铭带四兽镜　圆形，主纹内区为绕钮行进的四瑞兽，其外为铭文带，其文曰："承安三年（公元1198年）上元日，

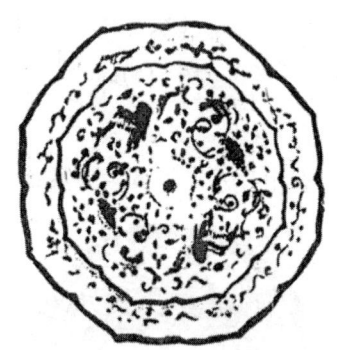

图514　缠枝花卉双凤镜
直径11.5厘米

图515　双雁双凤镜
直径17.5厘米

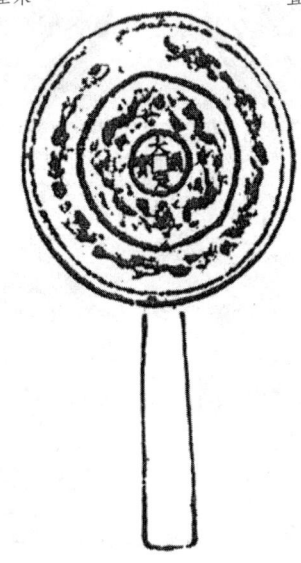

图516　大定通宝瑞兽镜
通长15.3厘米

陕东运司官造，监造录事任(花押)，提控运使高(花押)"，素缘(图517)。

5. 菊花镜

(1) 牙边菊花镜　圆形，主纹由一粗弦纹隔为内外二区，内区为一大菊花纹，外区为大齿牙边纹，每齿内外皆有小乳钉（图518）。

(2) 海浪菊花镜　圆形，镜钮外有一菊花纹，然后为两周凸弦纹，弦纹间为一周巨大的海浪纹，素缘（图519）。

图517　承安三年铭带四兽镜
直径8.8厘米

图518　牙边菊花镜
直径8.9厘米

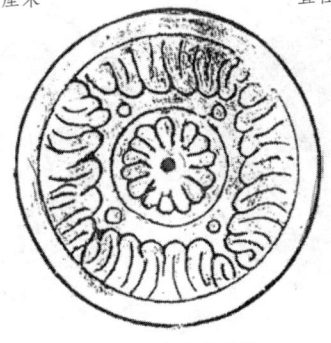

图519　海浪菊花镜

（3）卐菊花镜　圆形，钮外为一菊花纹，再外为三周凸弦纹，凸弦纹与缘之间的外区布有等距离的四个卐，素缘（图520）。

6. 大定通宝钱纹镜

圆形，弓形钮，主纹为五个大定通宝钱，在每个钱纹间饰一朵花卉，再外有连点纹一周，素缘（图521）。

7. 神仙人物故事镜类

（1）童戏镜

Ⅰ式　五童举花镜　圆形，主纹为匍匐于地上的五童，手举花枝，作绕钮状（图522）。

Ⅱ式　五童举花戏财镜　圆形，此式镜以绕钮五枚大定通宝、边缘五枚大定通宝加上五枚印章纹为副纹，其上铸以五童举花纹为主纹，副纹显得乱而不清，主纹清晰（图523）。

Ⅲ式　四童攀花枝镜　圆形、八角形、葵花形皆有，主纹四童攀附于花枝上，其四童有的作绕钮爬行状，有的作对称状，或于钮两侧头相对，上下异向攀行（图524）。

图520　卐菊花镜
直径11.5厘米

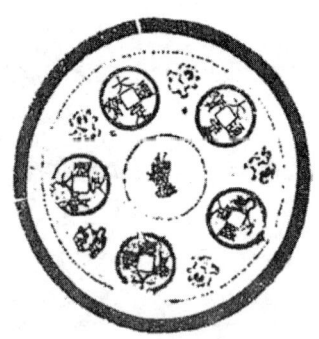

图521　大定通宝钱纹镜
直径11.8厘米

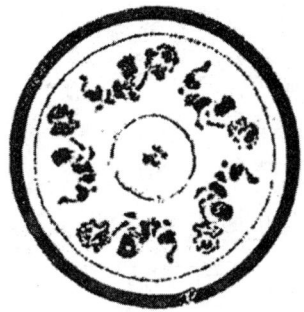

图522　五童举花镜
直径12.2厘米

图523　五童举花戏财镜
直径12.5厘米

图524-1　四童攀花枝镜
直径12.8厘米

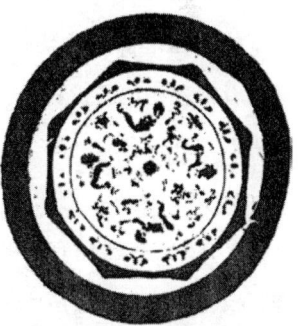

图524-2　四童攀花枝镜
直径17.3厘米

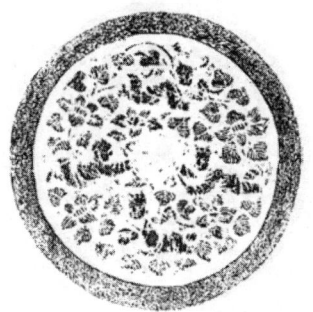

图524-3　四童攀花枝镜

图524-4　四童攀花枝镜
直径13.8厘米

Ⅳ式 三童攀花枝镜 圆形，钮座为一圈铭文"盘沟左手王家造"，主纹为三卧童与三花枝相间环绕，素缘（图525）。

Ⅴ式 二童采莲镜 圆形，钮左右各有一童，双手斜举，高兴跳跃呼应，上下各有一支盛开的莲花，素缘（图526）。

（2）仙人镜 圆形带柄，主纹为崖畔伸出一阔叶树，树下一仙人坐着，一侍者立于对面（图527-1）。另一面则两仙人对坐，后有一人侍立（图527-2）。

（3）仙人龟鹤镜 圆形和圆形带柄者皆有。

Ⅰ式 圆形仙人龟鹤镜 主纹为镜左一门，门旁有棵树，树下一侍者抱着一龟，镜右坐一仙人，侧有一侍者，一仙鹤，或立或舞，镜下方有一水流（图528）。

Ⅱ式 带柄仙人龟鹤镜 主纹镜右一树坐一仙人，后立一侍者，头上有树，左上角有太阳，仙鹤在云中飞翔，地下一龟在爬行，边饰缠枝花草纹一周（图529-1）。另一面与之基本同形，只是侍童在其对面，钮下有龟，柄上有"龟鹤齐寿"四字（图529-2），再一

图525 三童攀花枝镜
直径13.2厘米

图526 二童采莲镜
直径9.1厘米

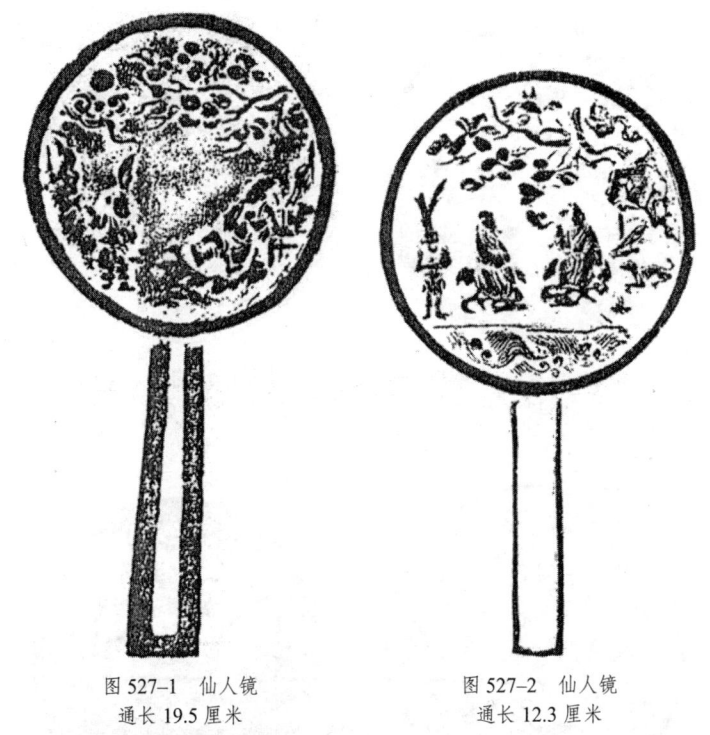

图 527-1 仙人镜　　　　　图 527-2 仙人镜
通长 19.5 厘米　　　　　通长 12.3 厘米

面此式镜,仙人在左边,侍者在右边,龟鹤在钮下(图 529-3)。

Ⅲ式　仙女兽鹤镜　圆形带柄,镜左树下仙女用团扇柄斜下指,柄下一兽伏于地,兽后一小童躬身立,其仙鹤翱翔云端,柄上有"铜院□□"铭,铭下有一幼鹿(图 530)。

Ⅳ式　仙人鹤鹿镜　圆形带柄,左侧一大树,树冠盖顶,树下一位仙人,背后一小童在为其捶背,一鹤立在仙人前,左侧有一神鹿,背驮一小儿走过来,鹤鹿之间有一灵芝,鹿顶上悬太阳。镜中有银锭形框,框内有铭文曰:"南京路镜子局官"(图 531)。

图 528–1　仙人龟鹤镜
直径 17 厘米

图 528–2　仙人龟鹤镜
直径 15.6 厘米

图 529–1　带柄仙人龟鹤镜
通长 17.7 厘米

图 529–2　带柄仙人龟鹤镜
直径 10.9 厘米

图 529-3 带柄仙人
龟鹤镜

图 530 仙女兽鹤镜
直径 8.3 厘米

图 531 仙人鹤鹿镜
通长 18.2 厘米

(4) 飞天镜　八角形，镜中内区为圆形，图案不明，圆外为四飞天同向飞行（图532）。

(5) 许由巢父故事镜　圆形，圆钮，钮上峰峦起伏，山上山下点缀树林，空中云彩缭绕，钮下一条小河，上游河边坐着一人，右手抬至耳边，下游处一人手牵小牛，一手前举，构图简明，此即许由巢父的故事。据古代传说："尧让天下于许由，由逃闻之，洗耳于池滨。巢父，牵牛饮之，见许由洗耳，乃驱牛而还，耻令牛饮其下流。"这面铜镜的画面正是取材于这个故事的后半段。

Ⅰ式　字款许由巢父镜　主纹如上所说，但画面上端有一方框，内有字款："许由洗耳，巢父饮牛"（图533）。

Ⅱ式　易位许由巢父镜　主纹图案排列与Ⅰ式相反，许由在钮的右下洗耳，巢父在钮的左下饮牛，镜上部为远山（图534）。

Ⅲ式　屋舍许由巢父镜　主纹许由洗耳，巢父饮牛的背景图案不是山野之中，而是屋舍村树之中，树上果实满枝（图535）。

图532　飞天镜
直径13.8厘米

图 533-1 许由巢父镜
直径 14.1 厘米

图 533-2 许由巢父镜
直径 13.8 厘米

图 534 易位许由巢父镜
直径 17.6 厘米

图 535 屋舍许由巢父镜
直径 10 厘米

（6）柳毅传书镜 圆形，圆钮。钮左侧上方沿着镜边伸出一株大树，枝叶延至右上方。树下一男一女作对话状，身前几只小羊。钮右侧一人乘马向东驰去。这就是流传甚广的民间故事柳毅传书。但镜子上所呈现的只有这个故事的开端，洞庭龙君小女牧羊于道畔，龙女向柳毅诉说自己悲惨的身世，柳毅欣然应允传递书信，骑马引别东去。镜钮上那株大树，大概是表示洞庭湖畔的大桔树，柳毅依靠它才得以会见洞庭龙王,转告龙女的消息(图536-1)。

然而不同的镜图案又有差异,图536-2就没有小羊,却在西南角出现龙女牧羊的北海。图536-3、图536-4却用镜之南半部铸出海水或湖水。

(7)达摩渡海镜 此型比宋代达摩渡海镜要简化得多,连人的图案都不完整(图537)。

图536-1 柳毅传书故事镜
直径10.9厘米

图536-2 柳毅传书故事镜
直径9.9厘米

图536-3 柳毅传书故事镜
直径17.2厘米

图536-4 柳毅传书故事镜
直径17.8厘米

(8) 牛郎织女镜　圆形，此型主纹为天上宫阙，宫前有人物多个，宫顶为一轮弯月，其左上为织女，其右上为牛郎及牛，故名牛郎织女镜（图538）。

(9) 放风筝镜　圆形，近钮为一周连点纹，近边亦为一周连点纹，再由四根连点线将画面分为四等份，图案分两种，相对的两组为相同的图案，一组为两童放鸟形风筝，一组为两童放云状风筝，但两童间皆有一长尾鸟（图539）。

图537　达摩渡海镜
直径7.1厘米

图538　牛郎织女镜

图539　放风筝镜

(10) 八卦人物镜 圆形，镜右立一褒衣博带的贵妇，背后有两女执团扇，两侧有两侍女，背后稍远还有一侍女，镜左一树下坐一老道，背后有小童，钮上为八卦，八卦中似立一童，卦右为飞舞的仙鹤，卦上为两朵流云，故此应为贵妇礼道图镜（图540）。

图540 八卦人物镜
直径20.2厘米

(11) 吴牛喘月镜 圆形，圆钮。主题纹饰有山水、卧牛、明月、流云等，故过去有的人又称此型镜为"犀牛望月镜"。画面的具体内容略有差别：有的钮上方有一弯新月，月下祥云缭绕，钮左侧为一山坡，坡上一树；钮下地面跪卧一牛，回首望月，牛嘴喘喘有气。（图541-1、图541-2、图541-3）有的镜中的图案分内外两区，内区钮上轮明月，片片浮云，钮两侧山水相连，水波荡漾，钮下一头卧牛翘首远眺；外区为铭文带一周，其文曰："承安三年（公元1198年）上元日，陕西东远司官局造，监造录事任（花押）、提拉所转运使高（花押）"；素缘。（图541-4、图541-5）吴牛喘月的典故是：生于江南的水牛畏热，见月误认为日，故喘。《世说新语·

言语》说了这个典故的来源:"满奋畏风,在晋武帝座,北窗作琉璃屏,实密似。有难色。帝笑之。奋答曰:'臣犹吴牛,见月而喘。'"

8. 海舶镜

菱花形,可分五型:

(1)"煌丕昌天"铭海舶镜  主纹为白浪如山的大海中一船满载旅客,在海中航行,船帆虽落,船标却顺风飞扬,船标上方有

图541-1 吴牛喘月镜
直径17.4厘米

图541-2 吴牛喘月镜

图541-3 吴牛喘月镜

图541-4 吴牛喘月镜
直径19.5厘米

图541-5 吴牛喘月镜
直径17厘米

图541-6 吴牛喘月镜
直径8.5厘米

"煌丕昌天"四字（图542）。

（2）"天下安昌"铭海舶镜  主纹同（1）型，船标上方有"天下安昌"四个字，其外为一周弦纹，再外为一周流云纹（图543）。

（3）简单海舶镜  此型镜除海浪与海舶别无其他纹饰（图544）。

（4）双舱海舶镜  在波浪汹涌的大海中，航行的是一艘无帆无船标的双舱海舶，这是大异于其他海舶镜的（图545）。

（5）殿阁海舶镜  此型镜主纹与前面变化很大，在钮上增加了殿阁佛塔，一只小小的海舶置于钮下近缘处，不再是镜中的主纹（图546）。

图542-1 煌丕昌天铭海舶镜
直径16.5厘米

图542-2 煌丕昌天铭海舶镜
直径16.6厘米

图543 "天下安昌"铭海舶镜

图544 简单海舶镜
直径18厘米

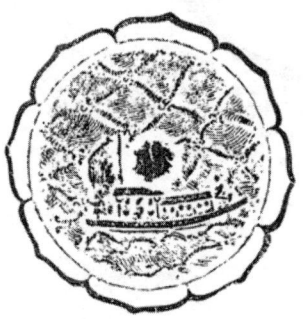
图545 双舱海舶镜

图546 殿阁海舶镜
直径16.5厘米

## 9. 素镜

有葵花形、圆形两种，皆有边款（图547）。

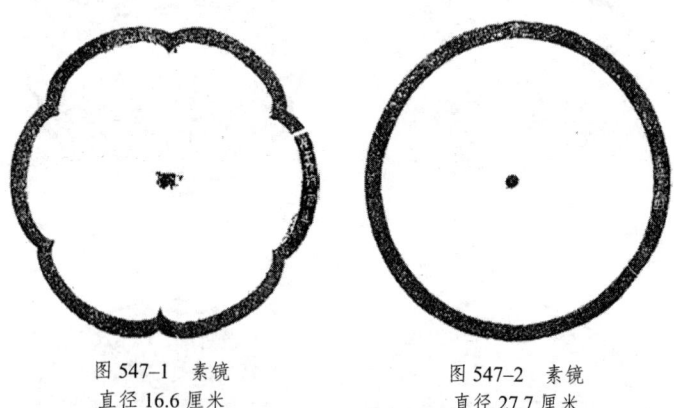

图547-1　素镜
直径16.6厘米

图547-2　素镜
直径27.7厘米

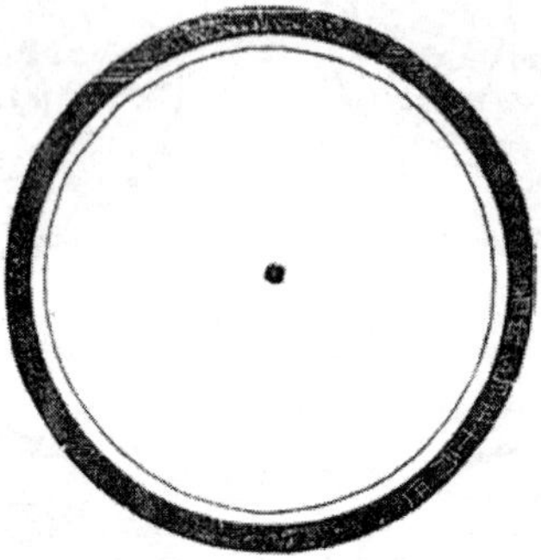

图547-3　素镜
直径22.1厘米

## 第八章

# 中国铜镜的衰落阶段
## ——元明清时期

### 一、元代铜镜的特点及类型

元朝虽自13世纪末叶经济有所恢复,金银细工的制作也有较高的工艺水平,但铜镜上却日渐衰落,发现也不多,考其原因,可能是立国时短,以及铜镜工艺更加衰退所致,现介绍几种常见的类型:

1. 至元四年铭双龙镜

圆形,方钮座上铸"至元四年"(公元1267年)四个字,钮座的上下各有一龙,钮上者龙口朝下,钮下者龙口朝上,皆对着火球(图548)。

2. 双凤镜

(1) 双凤镜　菱花形,主纹双凤置钮之上下,作飞翔状,制作粗糙(图549)。

(2) 牡丹双凤镜　圆形,主纹双凤作绕钮飞行,凤首前各有一缠枝牡丹（图550）。

3. 双鱼镜

圆形，双鱼作绕钮游动状，素缘（图551）。

4. 神仙人物故事镜类

形制多样，主题纹饰有各种神仙故事和人物故事，常见有六型：

（1）洛神图镜　叶形，带柄。主纹洛神踏浪出游，后有侍者二人，其一持华盖，洛神脚下波浪粼粼，洛神头上祥云朵朵，红日高

图548　至元四年铭双龙镜
直径21.8厘米

图549　双凤镜
直径15厘米

图550　牡丹双凤镜
直径31.9厘米

图551　双鱼镜
直径18.7厘米

照（图552）。

（2）大德元年铭观音镜　椭圆形，镜中偏上立一脚踏祥云的观音菩萨，下为海浪，整个作飘海观音状，观音头有祥光，头侧有"大德元年"（公元1297年）四字（图553）。

（3）八仙过海镜　圆形，在波浪汹涌的海面上八洞神仙各显神通，漂洋过海，海上流云在天，图554-1与图554-2画面不尽相同，每位神仙前后位置不一样，但意思相同。

（4）仙山宴乐镜　圆形，钮上方仙山琼阁巍峨气派，山中几位仙长或立或坐进行宴饮，钮下一酒樽，放于地，众仙随意取饮，怡然自乐（图555）。

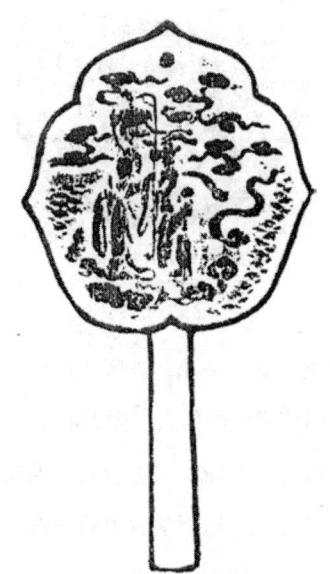

图552　洛神镜
通长22.5厘米

图553　大德元年铭观音镜
长7厘米

图554-1　八仙过海镜
直径23厘米

图554-2　八仙过海镜
直径23.5厘米

图555　仙山宴乐镜
直径15.6厘米

图556　对弈镜
直径20.5厘米

（5）对弈镜　圆形，圆钮，钮座外饰四朵花，外区主纹为四组相同的对弈图，对弈图间立着一位脚踏祥云的仙人（图556）。

（6）户外讲学镜　葵花形，主纹为教学图，只见镜右一棵树枝横生的样子，上挂一长卷轴画，一老者立于树下拿着画的一端，讲解着画意及画法，一年轻学子立于画前，聆听老者讲解，其后立着捧物的侍者（图557）。

### 5. 二十八宿十二生肖镜

圆形，二圈弦纹将画面隔成内外两区，内区为十二生肖图案，外区为二十八宿图案，制作比较粗糙，图案不清晰（图558）。

### 6. 符箓星象八卦镜

圆形，钮外即八卦纹，并在卦外注上元阳、二阳、三阳、四阳，元阴、二阴、二阳（当为三阴）、四阴之字，中区为辐射状八个寿字，每个寿字之间又竖排太玄紫府、太清宫、太华台、紫微宫、黄帝左居堂、太素右堂、元长父舍、玄凌交度府等字，外区亦为八符箓，符箓间为八种星象（图559）。

### 7. 钟形"袁家永用"铭钱纹镜

钟形，钟的上部为外饰曲线的大方框，由双线十字分为四格，每格铸一钱纹，上下两钱纹间的双线内各铸有两个卐，中间双竖线间上为寿字，下为"永用"二字，方格下中为太阳，两边为"袁家"二字（图560）。

图557 户外讲学镜
直径18.8厘米

图558 二十八宿十二生肖镜
直径10厘米

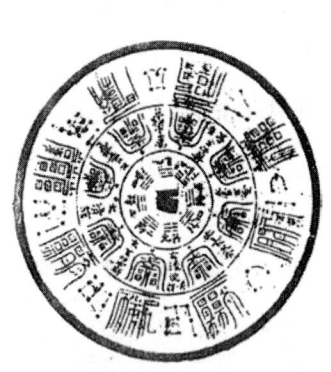

图559　符箓星象八卦镜
直径22厘米

图560　钟形袁家永用铭钱纹镜
通高19.5厘米

### 8. 炉形海浪钱纹镜

炉形，中心为九曲篆字印，两边为新莽钱"货布"，下为海浪，上部中为图案，两边各有三字字迹不清（图561）。

### 9. 文字镜

（1）汉梵准提咒文佛字镜　圆形，圆形带柄，镜中心为佛字，外为一大圆角方形，缘边为汉文准提咒文，框外为一圈梵文准提咒文（图562）。

（2）梵文准提咒文镜　圆形，一弦纹将镜分为内外区，内外区皆铸有一周梵文准提咒（图563）。

（3）八思巴蒙文镜　菱花形，钮外四方各铸八思巴蒙文一字，汉字意译为"富贵家平"，再外为一弦纹，制作较粗糙（图564）。

图 561　炉形海浪钱纹镜
通高 24.6 厘米

图 562–1　汉梵准提咒文佛字镜
直径 9 厘米

图 562–2　汉梵准提咒文佛字镜
直径 9.4 厘米

图563 梵文准提咒文镜
直径9.4厘米

图564 八思巴蒙文镜
直径16.5厘米

(4)寿山福海镜 圆形,钮的上下右左为楷书"寿山福海"四字,素缘(图565)。

## 10.八乳八禽博局镜

圆形,弓形钮连珠重方座,座外为八乳八禽博局纹,并间以方框铭记:合为"吉安路,城隍庙下礼巷内住,胡东有作",外饰斜线纹和流云纹各一周,素卷缘(图566)。

图565 寿山福海镜
直径22.2厘米

图566 八乳八禽博局镜
直径18厘米

从整个元代的铜镜来看，与宋镜比较，既有继承和相同的一面，也有不同的一面。相同者如整个形制多为圆形、六瓣菱花、六瓣葵花形，采用宋代那种浅浮雕手法，纹饰的制作元初也近似于宋，只是到后期才趋于简化等。所不同者，元镜不再像宋镜那样重视商标铭记，在镜中这种商标字号铭文是很少见的；同时元镜的铭文都很简单，文字也很短，只有一行，不像宋镜那样铭文多达两行或两行以上，且文字也较多，这是区别元铭文镜和宋铭文镜的重要标记。

## 二、明朝铜镜辨识

明代铜镜虽已处于我国铜镜发展史的尾声，玻璃镜代之而起，铜镜渐次退出社会生活的历史舞台，但因明朝延续近三百年，幅员辽阔，铜镜的发现仍然不少，亦有知道的必要。

从整个铜镜情况来看，明朝铜镜受宋、元铜镜的影响较小，看不出它们之间有明显的继承关系。然而明朝铜镜也缺乏创新，主要是在仿汉、唐二朝铜镜的形制和由此演变而来的形制。

宋无仿汉镜，仿汉镜都是明代所铸，仿唐镜宋、明两朝都有，但明代仿唐镜多有铭文，明代仿汉镜也多有铭文。

明代仿汉镜的形制有昭明镜、画像镜；仿唐镜的型制有舞凤狻猊菱花镜、瑞兽葡萄镜、重轮素地镜；另有风景人物镜、双鱼镜大约是仿金代铜镜。由汉镜演变而来的形制主要是将类似昭明镜的形制去掉纹饰变为素镜，而于钮至边缘的区间铸以铭文。由唐镜演变而来的形制主要是将重轮镜中间的弦纹移到镜子的边缘，以便于内区铸以醒目的铭文。还有干脆在仿唐的重轮镜和仿唐的圆素镜上添铸铭文。

从整体来看，隆庆（公元1567—1572年）以前的明镜崇尚纹饰，隆庆以后转为重铭文。

在明镜的辨识上，昔者往往和宋镜混淆，细加分析研究，二者的差别还是很清楚的。如宋、明仿唐重轮镜都无铭文，但明仿制者钮较大，内区大于外区，宋仿制的正好相反。又如明代精制的仿汉镜，镜径略大，特制的，镜径尤大；而一般则镜径较小，镜身却相当厚实。但典型的宋镜则镜径适度，镜身轻薄。从整个形制来看，明代的仿汉镜和明镜，绝大多数为圆形，宋镜则是形制多样，那种特异型更是不见或少见。

宋、明铜镜的差别在铭文上反映得尤其明显：第一，宋镜铭文后面冠以"照子"或"照子记"，以及"镜"等，铭记中有"久炼"、"法炼"、"工夫"、"一色"、"无比"等标明精致加工的语言，以及铸镜名师某叔、某郎、某哥之类的称谓。明镜则冠以"造"、"铸造"，如"马店铸造"、"谢少塘造"、"敬宇造"、"张家造"等，有的简化只冠姓，如"吕造"。有的尚保有宋代注明产地的作风，如"教场前东哥店铸造"。还有的镜子只冠姓名甚至只冠姓或只冠名的，如"陈少巷"、"李"、"曹"、"莲香"、"青"等。这类铭记中凡后面冠以"记"、"置"、"制"、"办"的，如"张绍诚就记"、"段置"、"吴印泉办"等铭文，皆应是使用者的铭记，这说明明代铜镜不但可以现买，还可以定做。这是一种商业竞争的手段。有的匠人为了取信于顾客，还在镜背上铸有"包换"字样,如"杨铺包换"、"马店自造包换"、"宫家包换"。由于出自名匠之手的镜子声价较高,故常有人制造冒牌货欺骗买主,于是有的名匠就在镜背上铸以咒语,如"假充李镜,真乃猪狗"。因此也可得知铸镜业中商业竞争也是相当激烈的。

第二,明镜铭文与宋镜不同的是吉祥语较多,常见的有"长命富贵"、"寿山福海"、"百岁团圆"、"福寿双全"、"宁安富贵"、"龙凤呈祥"、"喜生贵子"、"早生贵子"、"五子登科"、"状元及第"、"一品当朝"等。这些吉祥语铭文多铸在由重轮镜演变而来的铜镜上,还有部分是铸在明万历年间流行的宽边镜、仿汉镜和仿唐重轮镜上。由于这种镜别无其他更多的纹饰,故多用其吉祥语作为铜镜本身的名称,如"五子登科镜"、"一品当朝镜"等。

在明镜中还有种与佛教有关的"梵文"镜,有两圈铭文,内圈为梵文,外圈为汉文,铭文曰:"准提娑婆诃"。

第三,在镜钮上铸铭文也是明镜有别于宋镜的一个特点。钮上铸铭有两种情况:一种是在圆钮上铸一"任"字,另一种是于圆形平顶钮上铸铭,一般只冠以姓名,但也有标明产地的。如"宫爱楼造"、"敬宇自造"、"迎溪铸造"、"湖州薛茂松造"等。

## 三、明代铜镜的分类

明代铜镜分类如下:

### 1.龙纹镜

有以下三型:

（1）洪武二十二年铭云龙镜　圆形，主纹竖身盘龙一条，头上昂前伸，有云纹，并有铭文长方框，框内篆体铭文曰"洪武二十二年（公元1389年）二月日造"，素缘（图567）。

（2）海水龙纹镜　圆形，外有重圈弦纹二周，内为竖身盘龙，但龙身压于钮下，龙首昂而后向，四肢在外，周围有海浪翻滚（图568）。

（3）双龙镜　可分二式：

Ⅰ式　带柄双龙镜，主纹为竖身式双龙，反向排列，空白处填以流云纹（图569）。

Ⅱ式　湖州薛公铭双龙镜　圆形，钮外有"湖州薛公"四字，外为反向竖式双龙，制作较粗糙（图570）。

### 2. 双鱼镜

圆形，主纹双鱼异向竖式排列，中有流云纹（图571）。

图567　洪武二十二年铭云龙镜
直径11.4厘米

图568　海水龙纹镜
直径12.3厘米

图 569　带柄双龙镜　　　　　图 570　湖州薛公铭双龙镜
　　　通长 20.6 厘米　　　　　　　　直径 11.1 厘米

### 3. 神仙人物故事镜类

（1）八仙庆寿镜　圆形，镜中上方为手扶拐杖的老寿星，他的左下右下，各二仙对寿星作拱手拜寿状，下方四仙，在互相招呼，图中各仙间杂以多宝（图 572）。

（2）天上人间镜　圆形，钮置于仙山之平顶，钮上为一殿堂，背放光芒，此殿冒出的浮云托着三座牌坊，牌坊右为"元始祖神先天地精"铭，右为"妙合丹成与道全真"铭。殿右为浮云托日，并有"大明万历癸未（公元1583年）冬"，殿左为浮云托月，并有"济南王子庞甫识"。钮的东南方边缘为连山纹，中间一朵浮云托一光芒四射的仙亭，钮的西南两列山峰夹一道路，一人执笏朝上走，上端为一城门，门上冒出仙气托着放光的殿堂，钮下最外为海浪托起一放光殿宇，殿宇冒出的仙气又拥护着外圆内方中的吉祥物（图573）。

（3）仙人楼台镜　圆形，钮上为二层仙阁，阁右为一驾云的仙长，左为飞翔的仙鹤，钮左右各有驾云的二仙人，钮下为山峦托花朵，宽素缘（图574）。

图571　双鱼镜
直径12.9厘米

图572　八仙庆寿镜
直径16.6厘米

图573　天上人间镜
直径10.7厘米

图574　仙人楼台镜
直径11.5厘米

(4) 观瀑镜　圆形，钮左上为一芦苇丛中，有禽鸟飞翔，钮右为一石山，山上流下一瀑，钮左下一高士坐于席上，凝目观瀑，后有一小童侍立（图575）。

(5) 人物出行镜　圆形，带柄，镜左近边处一槐树，随风摇摆，镜中一人坐双轮推车出行，前有二人执游旗开道，后有二人，一人推车，一人执华盖，道旁一女凭栏观看，道侧一人一狗，一幅街市情景（图576）。

4. 多宝镜类

镜之主纹饰以杂宝、仙人、人物，以示吉祥如意，可分二型：

图575　观瀑镜　　　　　图576　人物出行镜
直径18.4厘米　　　　　　直径12.6厘米

(1) 多宝镜  圆形,多宝绕银锭形钮作内外两圈排列,外圈为梅花三件,犀角三件,方胜二件,银钱一件,元宝钱一件;内圈为银锭二件,犀角一件,梅花一件,元宝钱二件,以上宝贵的东西,合称多宝(图577)。

(2) 人物多宝镜  可分三式:

Ⅰ式  仙阁人物多宝镜  圆形,钮上为仙阁楼台,阁左右仙鹤飞舞,钮左右各有一人或二人执宝,钮下二排杂宝(图578)。

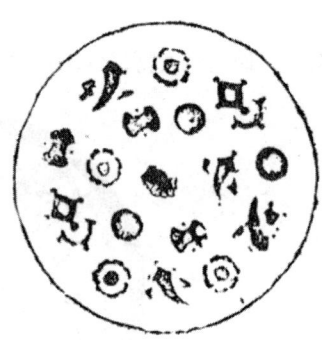

图577  多宝镜
直径8.6厘米

图578-1  仙阁人物多宝镜　　　　图578-2  仙阁人物多宝镜
　　直径10厘米　　　　　　　　　　直径14.5厘米

Ⅱ式　宝塔人物多宝镜　圆形，钮上方为一前有丹陛的宝塔，塔侧仙鹤飞舞，钮左右各有一侍者手托玉盘，急走而来，侍者背后及镜之下方为杂宝：馨、珠、犀角、画轴、宝钱、端兽、盘肠、灵芝八种（图579）。

Ⅲ式　仙鹤人物多宝镜　圆形，银锭式钮，钮两侧为银锭和人物，钮上方为方胜，斜上方为宝珠、犀角，上端正中为一飞翔状仙鹤，钮下为书卷、二方胜宝钱，最下为聚宝盆（图580）。

图579　宝塔人物多宝镜
直径8.8厘米

图580–1　仙鹤人物多宝镜　　　　图580–2　仙鹤人物多宝镜
　　直径13.2厘米　　　　　　　　　　直径13.6厘米

### 5. 五岳真形镜

圆形，镜用道教的符箓布列在东南西北中五方，以象征东岳泰山，南岳衡山，西岳华山，北岳恒山，中岳嵩山（图581）。

### 6. 文字镜

（1）吉祥文字镜　有以下十一式：

Ⅰ式　富贵双全镜　圆形，内有上下右左四个方框，内填"富贵双全"四字（图582）。

Ⅱ式　长命富贵镜　圆形或葵花形。图583-1楷书"长命富贵"四字，上下右左排列。图583-2，篆书，"长命富贵"四字旋读。图583-3圆形双圈连珠钮座，座外"长命富贵"四字，篆书，按上下右左排列，每字间以花朵。

Ⅲ式　为善最乐镜　圆形，"为善最乐"四字楷书为两排，直书排在镜钮左右（图584）。

Ⅳ式　厚德荣贵镜　圆形，镜内四方框，楷书"厚德荣贵"四字，按上下右左排列（图585）。

图581　五岳真形镜
直径10厘米

图582　富贵双全镜

图 583–1　长命富贵镜
直径 14.1 厘米

图 583–2　长命富贵镜
直径 6.7 厘米

图 583–3　长命富贵镜
直径 19.5 厘米

图 584　为善最乐镜
直径 8.2 厘米

图 585　厚德荣贵镜
直径 8.25 厘米

Ⅴ式 厚德荣归镜 圆形,镜中双线空心十字,"厚德荣归"四字楷书,按上下右左排列在方格内(图586)。

Ⅵ式 状元及第镜 圆形,镜内四方框"状元及第"四字按上下右左布在框内(图587)。

Ⅶ式 五子登科镜 圆形,镜内四方框"五子登科"四字按上下右左布在框内(图588-1)。再一种五子登科镜,主纹同图588-1,但字间间以鸿雁,喻意鸿雁传书报喜讯(图588-2);再一

图586 厚德荣归镜
直径9.24厘米

图587-1 状元及第镜
直径13.1厘米

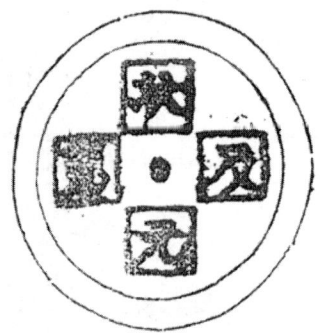

图587-2 状元及第镜
直径9.5厘米

种五子登科镜,"五子登科"布列虽同图 588–1,但已退居很次要的地位,字很小,整个画面图案复杂,"五子登科"间以四个葫芦,再外为八个圆形太极八卦图,最外圈的麒麟送子间以葫芦(喻意福禄),故此镜可称麒麟送子五子登科镜(图 588–3)。还有种五子登科镜,"五子登科"四字布在重圈里面,仍按上下右左排列,四字间杂以太极八卦图,再外为双线玉兔鸿雁、花草等。此镜可称太极八卦五子登科镜(图 588–4)。

图 588–1　五子登科镜
直径 20.9 厘米

图 588–2　五子登科镜

图 588–3　麒麟送子五子登科镜

图 588–4　太极八卦五子登科镜
直径 16.3 厘米

Ⅷ式　百岁团圆镜　圆形,"百岁团圆"四字布列在钮四周,此外,镜面杂以12个姿态各异的贺寿人物及瑞花、如意、仙鹤、杂宝等,此镜直径达34.8厘米,是超大型镜(图589)。

Ⅸ式　鸾凤呈祥镜　圆形,四方框内的楷书"鸾凤呈样"四字按上下右左排列,在鸾字侧有一小长方框,内有"邵丕祥造"四字,当为匠人之名(图590)。

Ⅹ式　彦和镜　圆形,在钮上下排"彦和"二字(图591)。

Ⅺ式　正其衣冠镜　圆形带柄,镜之右左两边有竖行两排铭文:"正其衣冠"、"尊其瞻视"(图592)。

(2)纪年铭文镜　有以下二式:

Ⅰ式　万历己丑年铭镜　圆形,钮侧有一竖排双行款,其字曰"万历己丑年(公元1589年)任小轩铸造",宽素缘(图593)。

Ⅱ式　天启六年铭镜　圆形,钮左右有"曾氏天启六年"(公元1626年)六字,素缘(图594)。

(3)太监铭镜　圆形,钮右为"钦差提督殿门工程",左为"内

图589　百岁团圆镜
直径34.8厘米

图590　鸾凤呈祥镜
直径23.2厘米

图591　彦和镜
直径8.2厘米

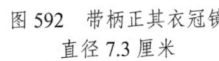

图592　带柄正其衣冠镜
直径7.3厘米

图593　万历己丑年铭镜
直径14.5厘米

图594　天启六年铭镜

官监太监李制"，钮上为大明丙午。明朝近300年有6个丙午年，故不知何年（图595）。

图595　太监铭镜
直径16.8厘米

## 四、清代铜镜及其分类

进入封建社会末期的清朝，铜镜制造业由于自明朝起玻璃镜的广泛使用而迅速衰落，远远不如明代，除了一些守旧之人还在使用之外，铜镜的用途发生了异化，作结婚时象征和美团圆，以嫁妆的形式在流传，或悬于门楣之上作镇宅除妖之用。因此，制作技术也较为粗疏，铸造质量上也不大讲究，这是普遍的现象，只有乾隆时期，内务府造办处制作的铜镜还比较精致，也注意造型，但这是个例外，有清一代铜镜业的衰落是不争的事实。

计有以下几类：

### 1. 双龙镜

圆形，制作粗陋，竖式双龙各据钮左右，反向排列（图596）。

## 2. 龙凤镜

圆形，龙凤在钮左右排列，钮上为方胜，下为一朵灵芝（图597）。

## 3. 狮子滚绣球镜

圆形，钮上下各有一狮子，分别对着一个绣球，作戏逐状（图598）。

## 4. 五蝠双喜镜

圆形带柄，镜中一大圆圈内有楷书双喜字，外区为五只飞翔状

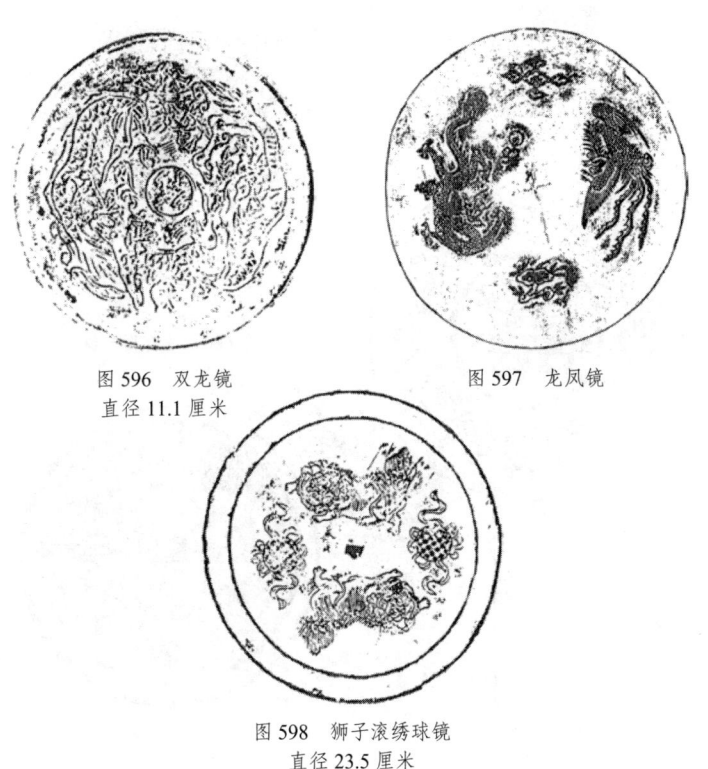

图596　双龙镜
直径11.1厘米

图597　龙凤镜

图598　狮子滚绣球镜
直径23.5厘米

的蝙蝠，蝠福同音，五蝠喻意五福，喜下一小方格，格内铭文不清（图599）。什么是五福？《尚书·洪范》曰："五福：一曰寿，二曰富，三曰康宁，四曰攸好德，五曰考终命。"

5. 仕女楼台镜

圆形，镜之右上为水上楼台，右下为一群仕女在园中游玩，镜左有护栏、老树及花草（图600）。

6. 童戏镜

圆形，镜面布满从事不同游戏和玩耍的儿童（图601）。

图599　五蝠双喜镜
通长28.2厘米

图600　仕女楼台镜
直径10.2厘米

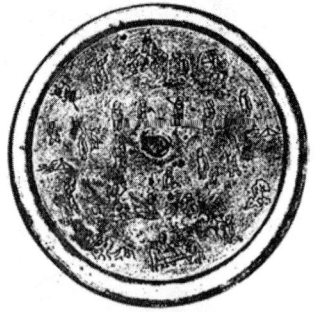

图601　童戏镜
直径36厘米

### 7. 岁寒三友镜

圆形带柄，镜中主纹岁寒三友松竹梅，左上角有一方框，框内有"上上清铜"四字，镜的上方一轮明月（图602）。

### 8. 双鱼镜

圆形，钮外为反向的双鱼，外区为铭文一周："大清嘉庆庚申（公元1800年）闰十二月吉日仿双鱼式造于滇南"，素缘（图603）。

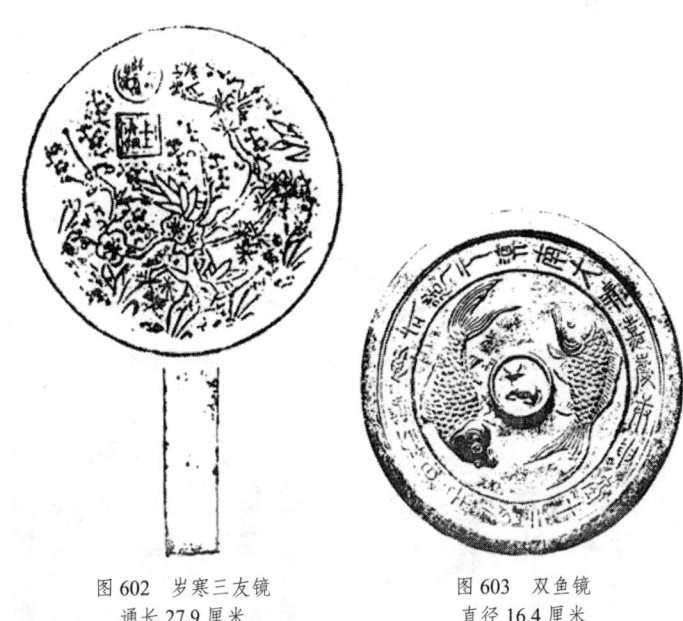

图602　岁寒三友镜
通长27.9厘米

图603　双鱼镜
直径16.4厘米

### 9. 文字镜

（1）"清闲"镜　圆形，"清闲"二字布于钮的上下（图604）。

（2）人物"清闲"镜　圆形"清闲"二字布于钮之上下，钮左右为男女二人,隔钮相对,男士右手前举,女士双手托盘(图605)。

(3) 如日之精镜　方形,其铭曰:"如日之精,如月之明,水天一色,犀照群伦",镜左近边处二印,上印葫芦形"苕溪",下印方形"薛惠公造",素宽缘(图606)。

(4) 方正而明镜　方形,镜中铭文曰:"方正而明,万里无尘,水天一色,犀照群伦",隶书,伦字下一圆印"湖郡",再下为一方

图604　清闲镜
直径11.5厘米

图605　人物清闲镜
直径12.2厘米

图606　如日之精镜
边长9厘米

印，印文曰"薛"（图607）。

（5）既虚其中镜　方形，镜中铭文曰："既虚其中，亦方其外，一尘不染，万物皆备。湖城薛晋侯造"，素宽缘（图608）。

图607　方正而明镜
边长10厘米

图608　既虚其中镜
边长8.2厘米

## 五、仿制镜

在宋朝、金朝、明朝及清朝，出于种种原因，或者是对汉唐铜镜的仰慕和向往，或者是出于收集汉唐古董的爱好，或者是个人发思古之幽情，这种"好古"风气，使得制镜匠师生产出一面面仿汉唐时代的铜镜，以满足社会的需求。

仿制镜的制作，有的直接由汉唐铜镜翻模，进行复制，这种制法，有的制作精美，难辨真伪，但多数翻模后与原件差别明显，这就容易识别；有的用临摹仿制，由于是靠图制模，与汉唐真镜的差别更易显露出来，这是容易识别真伪的，特别是这种在用摹本制模的过程中，铸镜师加刻纹饰和铭辞，结果产品与汉唐原件一望便知不符，汉式镜上出现明代常见的铭辞，汉代纹饰出现在唐代镜型上，显得不伦不类，一望便知为后代仿制品，具体仿制镜类如下：

**1. 宋代仿制镜**

（1）宋仿汉镜　常见的有以下三式：

Ⅰ式　昭明镜　圆形，此式虽具有汉昭明镜的样式，但制作粗糙（图609）。

Ⅱ式　七乳鸟兽纹带镜　圆形，制作较精，七乳间鸟兽形成一周纹带，外饰花草纹带（图610）。

Ⅲ式　博局四神镜　圆形，重方钮座，重方内有十二字铭，由小乳钉间隔，其外为八乳钉与博局纹，博局中夹四神及鸟兽，边饰流云纹（图611）。

（2）宋仿唐四兽镜　圆形，主纹四兽绕钮作奔驰状，四兽间有缠枝花（图612）。

图609　宋仿汉昭明镜

图610　宋仿汉七乳鸟兽纹带镜

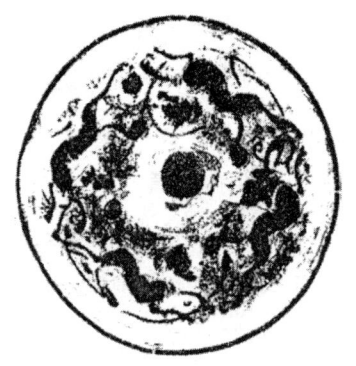

图 611　宋仿汉博局四神镜　　　　图 612　宋仿唐四兽镜

2．金朝仿制镜

(1) 金仿汉镜　有以下二式：

Ⅰ式　昭明镜　圆形，图纹同于汉式照明镜，但铭文不清晰，边缘有官府检记（图 613）。

Ⅱ式　龙虎镜　圆形，主纹龙虎，作对峙状态，身躯压于钮下，但镜缘上刻有边款（图 614），另一件龙虎镜制作粗糙，铭文

图 613　金仿汉昭明镜　　　　图 614　金仿汉龙虎镜

字迹不清，边缘有官府检记（图615）。

（2）金仿唐瑞兽葡萄镜　圆形，桥形钮，瑞兽与葡萄皆不清晰（图616）。

3．明朝仿制镜

（1）明仿汉镜　有以下五式：

Ⅰ式　昭明镜　圆形，形制同于汉镜，但在铭中加"皆"、"造"二字（图617）。

图615　金仿汉龙虎镜

图616–1　金仿唐瑞兽葡萄镜

图616–2　金仿唐瑞兽葡萄镜

图617　明仿汉昭明镜

Ⅱ式 博局四神镜 圆形，主纹博局四神基本同于汉镜，图618，外饰三层锯齿纹带，制作粗糙，图案及铭文皆不清晰。图619，制作较精，外饰锯齿纹一周及水波带一周，其特点是在主纹中加铸"曹甫"二字。图620主纹图案趋于简单，仅为四神，朱雀处改为"假充李镜真乃猪狗"八个字。图621主纹图案仍趋简，仅为四神，但朱雀处为"青铜"，玄武处为"李铺"四字代替。

Ⅲ式 简化博局四神镜 圆形，圆钮，重方钮座，博局纹简化

图618 明仿汉博局四神镜

图619-1 明仿汉博局四神镜

图619-1 明仿汉博局四神镜

图620 明仿汉博局四神镜

为方座上的T，VL已消失，在玄武位置上加"陈"字，整个镜铸造粗糙，纹饰不清晰（图622）。

Ⅳ式　瑞兽镜　圆形，大圆钮，内区为三瑞兽，但在与虎对应处为一方格铭代替，铭文曰："齐家换青铜"六字，外为实心与空心锯齿纹各一周，该镜制作粗糙（图623）。

Ⅴ式　神人车马画像镜　圆形，二神二侍，对置排列，一车一马与一车四马对置排列，边上加"薛家造"花牌款，制作较真汉镜

图621　明仿汉博局四神镜　　　图622　明仿汉简化博局四神镜

图623　明仿汉瑞兽镜

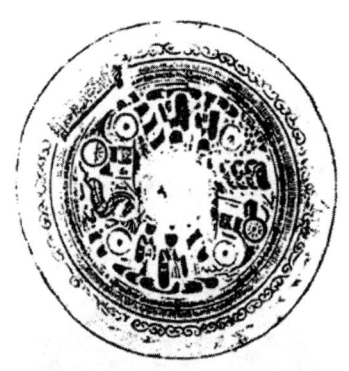

图 624　明仿汉神人车马画像镜
直径 19 厘米

差（图 624）。

（2）明仿唐瑞兽鸾鸟镜　菱花形，双鸾双兽与四花枝相间，外区为铭文一周："大明隆庆庚午（公元 1570 年）端阳益藩世孙潢南雅制"，字间间以花蝶流云（图 625）。

图 625　明仿唐瑞兽鸾鸟镜
直径 18.5 厘米

### 4. 清朝仿制镜

仅一面：

清仿汉蟠螭纹镜　重方座，重方内有"见日之光，天下大明，用者长宜"十二字铭，主纹为四乳间四蟠螭，外为内向连弧缘（图626）。

图626　清仿汉蟠螭纹镜

> 结 语

# 中国铜镜的民族特点

纵观四千年铜镜发展的历史,我们可以发现,各个历史时期的铜镜虽然有着自己时代所赋予的鲜明特点,但在它们上面凝聚着中国民族艺术的传统却是深厚的,相互间继承发展的脉络也有迹可寻。

(1)以形式上看,尽管出现过方镜、花式镜、带柄镜、特异形镜,但圆板具钮一直是中国铜镜的最主要形式,也是中国铜镜的主要特点之一。

(2)从常用的主题装饰图案看,尽管历代各具特色,种类繁多,但珍禽异兽始终是一个主要题材。从战国时代的婉转曲折的蟠螭、蟠虺,直到明清时代腾云驾雾的云龙,作为中国民族象征的"龙"的形象,始终未在铜镜上绝迹。从战国时代稚气可掬的凤鸟,到唐代生机盎然的双鸾,以及象征吉祥幸福的鸾凤,无时不在铜镜上翩然飞舞。这些神奇的龙蛇、美丽的鸾凤,不能不引起我们对中华民族远古时代那时氏族、部落、部落联盟的回想。

（3）神话传说也是中国铜镜的一个重要题材，从汉代频频出现的西王母、东王公，到唐代的月宫嫦娥，再到元代的洛神；从汉代铜镜的忠臣伍子胥，到唐代铜镜的孔子问荣期启，金代的吴牛喘月、柳毅传书，许多源远流长的美好神话传说在不同时期的铜镜里，都被形象地刻画出来。

今天，铜镜只是作为古代工艺的一种研究对象受到少数人的重视，然而它作为中华文明不可分割的一部分所焕发出来的熠熠艺术之光，却永远留在我们民族的记忆之中。

## 参考文献

陈佩芬．上海博物馆藏铜镜．上海：上海书画出版社，1987．

程长新、程瑞秀．铜镜鉴赏．北京：燕山出版社，1989．

黑龙江省阿城县文管所编印．阿城县出土铜镜．1974．

湖北省博物馆、鄂州市博物馆．鄂城汉三国六朝铜镜．北京：文物出版社，1986．

孔祥星．中国铜镜图典．北京：文物出版社，1992．

孔祥星、刘一曼．中国古代铜镜．北京：文物出版社，1984．

孔祥星、刘一曼．铜镜鉴赏与收藏．长春：吉林科学技术出版社，1994．

李雪梅、晓冰一．铜镜．贵阳：贵州人民出版社，1998．

梁上椿．岩窟藏镜．大业印刷局育华印刷所，1935．

洛阳市博物馆．洛阳出土铜镜．北京：文物出版社，1988．

陕西省文管会．陕西出土铜镜．北京：文物出版社，1959．

沈从文．铜镜史话．沈阳：万卷出版公司，2005．

四川省博物馆、重庆市博物馆．四川省出土铜镜．北京：文物出版社，1959．

王士伦．浙江出土铜镜．北京：文物出版社，1987．

张英．吉林出土铜镜．北京：文物出版社，1990．

周世荣．铜镜图案——湖南出土历代铜镜．长沙：湖南美术出版社，1987．

周世荣．中国历代铜镜鉴定．北京：紫禁城出版社，1993．

（日）梅原末治．汉三国六朝纪年镜图说．桑名文星堂，1939．